INTENSIVE EXERCISES MANUAL

TO ACCOMPANY

Dicho y hecho

BEGINNING SPANISH

Fourth Edition

Laila M. Dawson
University of Richmond

Albert C. Dawson
University of Richmond

John Wiley & Sons, Inc.

New York • Chichester • Brisbane • Toronto • Singapore

ISBN 0-471-57909-2

Printed in the United States of America

10 9 8 7 6 5 4 3 2 1

Intensive Exercises

The intensive exercises are supplemental exercises designed for oral practice and developed especially for programs utilizing an intensive or accelerated approach to language study.

In small group drill/practice sessions, student assistant teachers can present the exercises which provide "quick-response" reinforcement and review of vocabulary, grammatical structures and cultural information that have been introduced in the master class. These oral practice sessions are effective in helping to build student confidence in the use of the language and to reinforce correct pronunciation and intonation patterns.

These same exercises are also beneficial, however, for regular classroom practice as they are valuable in varying the pace of the classroom experience.

The intensive exercises are carefully coordinated with the oral exercises in the text and with the written exercises in the Workbook so that they offer ample opportunity for additional practice without being redundant.

The availability of these Intensive Exercises, plus the variety of exercises found in the other program components, make DICHO Y HECHO a versatile and flexible program of first-year language study that spans the range from more traditional methodologies to the more accelerated programs that place greater emphasis on oral proficiency.

CONTENTS

CAPITULO 1 1

CAPITULO 2 9

CAPITULO 3 20

CAPITULO 4 32

CAPITULO 5 43

CAPITULO 6 54

CAPITULO 7 67

CAPITULO 8 79

CAPITULO 9 92

CAPITULO 10 102

CAPITULO 11 113

CAPITULO 12 124

CAPITULO 13 133

CAPITULO 14 143

<u>Capítulo Uno</u>

A CONOCERNOS: Las presentaciones

1.1 **¿Cómo te llamas?**
    Modelo: ¿Cómo te llamas?
             Me llamo ....

    1. ¿Cómo te llamas?
    2. ... (Repeat question-answer sequence until all students have been introduced.)

1.2 **Las presentaciones**
    Modelo: Quiero presentarte a Pepita.   (a Susana)
             Quiero presentarte a Susana.

    Quiero presentarte a Pepita.

1.	a Susana	5.	a Martín
2.	a Esteban	6.	a Carmen
3.	a Felipe	7.	a Manuel
4.	a Laura	8.	a Pepita

1.3 **Mucho gusto**
    (The assistant teacher selects one student and introduces her/him to others in the group.)
    Modelo: Quiero presentarte a (nombre de estudiante).
             Mucho gusto.
             (Student being introduced responds: **Igualmente.**)

    1. Quiero presentarte a ....
    2. ... (Repeat introduction-response sequence until all students have responded.)

IDENTIFICATION AND TELLING WHERE YOU ARE FROM: Los pronombres personales y **ser** + **de**

1.4 **¿De dónde eres?**
    Modelo: ¿De dónde eres?
             Soy de ...

    1. ¿De dónde eres?
    2. ... (Repeat question-answer sequence until all students have stated where they are from.)

1.5 **Somos de San Antonio**
    Modelo: Soy de San Antonio.   (ella)
             Es de San Antonio.

Soy de San Antonio.

1. ella
2. usted
3. nosotros
4. vosotros
5. tú
6. Linda
7. Manuel y José
8. él
9. ustedes
10. ellas
11. Alfonso y yo
12. yo

1.6 **¿De dónde son?**
Modelo: Miguel no es de Tejas.
¿De dónde es?

1. Miguel no es de Tejas.
2. Ana no es de California.
3. Miguel y Lupe no son de Arizona.
4. Yo no soy de Nuevo México.
5. Javier no es de Nueva York.
6. Pepe y yo no somos de Colorado.
7. La señora García no es de Nevada.
8. Miguel no es de Tejas.

PARA CONOCERNOS MEJOR: Los saludos, el bienestar, la despedida y las expresiones de cortesía

1.7 **Las cortesías**
Repitan. (Assistant teacher seeks choral repetition
followed by a few individual repetitions.)
Modelo: Buenos días, señorita.
Buenos días, señorita.

1. Buenas tardes, señora.
2. Buenas noches, señor.
3. ¿Cómo está usted?
4. Muy bien gracias.
5. Regular, así así.
6. Hola, María. ¿Cómo estás?
7. Hola, Leo. ¿Qué tal?
8. Hola Inés. ¿Cómo te va?
9. Bien, gracias.
10. Bastante bien.
11. ¿Qué hay de nuevo?
12. Nada de particular.
13. Adiós.
14. Hasta luego.
15. Hasta mañana.
16. Chao.
17. Muchas gracias.
18. De nada.
19. Sí, por favor.
20. No, gracias.
21. Perdón.
22. Con permiso.
23. Buenos días, señorita.

1.8 **Más cortesías**
Responda según las indicaciones.
Modelo: Buenos días, señorita.
Buenos días, señor (señorita, señora).

1. Buenos días, señorita.
2. Buenos días, señor.
3. Buenos días, señora.

4. ¿Cómo está usted?
5. ¿Y usted?
6. ¿Y usted?
7. (Nombre de estudiante), ¿cómo estás?
8. ¿Qué tal?
9. ¿Cómo te va?
10. ¿Y tú?
11. ¿Qué hay de nuevo?
12. Adiós.
13. Hasta mañana.
14. Muchas gracias.
15. Buenos días, señorita.

MICROLOGUE

"Micrologues" are presented in the following manner:
1. Using a combination of dramatic gestures and graphic illustrations drawn on one chalkboard, the instructor presents the micrologue three separate times to an individual or to a small group;
2. On a separate chalkboard one student writes as a dictation the micrologue (class or individual is positioned so as not to see what is being written);
3. After the third repetition of the same information, the individual or small group is asked brief questions concerning the content of the micrologue;
4. The individual or small group then faces the chalkboard and instructor corrects (if there are errors) and reads material which has been written;
5. Individual or small group then returns to the first chalkboard and using dramatic gestures and graphic illustrations reconstructs the entire micrologue. Instructor may need to prompt on occasion.

Another option is to use micrologues as comprehension exercises: students listen to the content 2-3 times and respond to the questions that follow.

1.9 Maneras de saludar

Los hispanos frecuentemente dan la mano cuando se encuentran con sus amigos. Las mujeres tienen la costumbre de dar un beso en la mejilla. Los hombres frecuentemente se abrazan o se dan palmadas en la espalda.

Preguntas:
1. Cuando los hispanos se encuentran con sus amigos, ¿frecuentemente dan la mano o dan un beso?
2. ¿Las mujeres dan un beso en la mejilla o dan palmadas?
3. ¿Los hombres dan un beso o se abrazan?
4. ¿Los hombres se dan palmadas en la espalda o dan un beso en la mejilla?

VOCABULARIO: En la clase de español

1.10   **En la sala de clase**
       Modelo: Cierre la puerta.   (la ventana)
              Cierre la ventana.

1. Cierre la puerta.   6. Estudie el ejercicio.
    la ventana   la lección
    el libro   el vocabulario
    el cuaderno   el capítulo
    la puerta   el ejercicio

2. Abra la ventana.   7. Lea la palabra
    la puerta   la respuesta
    el libro   la pregunta
    el cuaderno   la oración
    la ventana   la palabra

3. Escriba con el bolígrafo. 8. Complete la oración.
    el lápiz   el ejercicio
    la tiza   el examen
    el bolígrafo   la tarea
                                   la oración

4. Escriba en la pizarra.   9. Siéntese en la silla.
    el cuaderno   el escritorio
    el papel   el pupitre
    el libro   la silla
    la pizarra

5. Repita la pregunta.   10. Traduzca la oración.
    la respuesta   la página
    la palabra   el ejercicio
    la oración   la palabra
    la pregunta   la oración

1.11   **Asociación**
       Indique una palabra que corresponde a la palabra indicada.
       Modelo: el lápiz
              el bolígrafo (o) **el papel**, etc.

1. el lápiz   6. el pupitre
2. el examen   7. la silla
3. la respuesta   8. la pregunta
4. la tiza   9. el estudiante
5. la ventana   10. el lápiz

IDENTIFYING GENDER AND NUMBER: Artículos y sustantivos

1.12   **¡Estudien!**
       Modelo: Estudien la lección.   (vocabulario)
              Estudien el vocabulario.

Estudien la lección.

1. vocabulario
2. ejercicio
3. capítulo
4. respuesta
5. pregunta

6. tarea
7. conversación
8. información
9. oración
10. lección

1.13 **¿Qué es?**
     Modelo: ¿Qué es?   (bolígrafo)   (<u>Señale el objeto.</u>)
              Es un bolígrafo.

¿Qué es?

1. bolígrafo
2. lápiz
3. libro
4. pupitre
5. mesa

6. puerta
7. ventana
8. silla
9. escritorio
10. bolígrafo

1.14 **Muchas cosas** (Many things)
     Modelo: Contesten la pregunta.
              Contesten las preguntas.

1. Contesten la pregunta.
2. Completen la oración.
3. Completen el ejercicio.
4. Escriban la palabra.
5. Escriban la respuesta.
6. Cierren la ventana.

7. Cierren el libro.
8. Estudien la lección.
9. Estudien el capítulo.
10. Lean el diálogo.
11. Lean la conversación.
12. Contesten la pregunta.

GOING PLACES: **Ir + a + destino**

1.15 **Vamos a la biblioteca**
     Modelo: Vamos a la biblioteca.   (ella)
              Va a la biblioteca.

Voy a la biblioteca.

1. ella
2. tú
3. Mariela
4. Ana y Teresa
5. Juan y yo

6. los estudiantes
7. el profesor
8. nosotros
9. vosotros
10. yo

1.16 **¿Adónde vamos?**
     Modelo: Vamos a la universidad.   (cafetería)
              Vamos a la cafetería.

Vamos a la universidad.

1. cafetería
2. residencia
3. cuarto
4. centro estudiantil
5. gimnasio

6. librería
7. biblioteca
8. oficina de la profesora
9. clase de física
10. universidad

INDICATING DAYS OF THE WEEK: Los días de la semana

1.17 **¿Qué día vamos?**
      Indique que vamos el día siguiente. (the following day)
      Modelo: ¿Vamos el lunes?
                No. Vamos el martes.

      1. ¿Vamos el lunes?   5. ¿Vamos el domingo?
      2. ¿Vamos el sábado?   6. ¿Vamos el miércoles?
      3. ¿Vamos el martes?   7. ¿Vamos el viernes?
      4. ¿Vamos el jueves?   8. ¿Vamos el lunes?

COUNTING FROM 0-30: Los números de 0 a 30

1.18 **Vamos a contar** (Let's count)

      1. de cero a diez: 0, 1, ...
      2. de diez a treinta: 10, 12, ...
      3. de nueve a veintinueve: 9, 11, ...
      4. de cero a treinta: 0, 5, ...

1.19 **Las matemáticas**
      Modelo: Dos y dos son ...
                Son cuatro.

      1. Dos y dos son ...   8. Tres y cuatro son ...
      2. Cinco y cinco son ...   9. Seis y tres son ...
      3. Diez y diez son ...   10. Siete y cuatro son ...
      4. Quince y quince son ...   11. Nueve y tres son ...
      5. Ocho y ocho son ...   12. Nueve y ocho son ...
      6. Once y once son ...   13. Nueve y nueve son ...
      7. Trece y trece son ...   14. Dos y dos son ...

TELLING TIME: ¿Qué hora es?

1.20 **¿Qué hora es?**
      Modelo: Es la una y cinco.   (diez)
                Es la una y diez.

      1. Es la una y cinco.
          diez   veinte y cinco
          cuarto   media
          veinte   cinco

      2. Son las dos y cinco.
          diez   veinte y cinco
          cuarto   media
          veinte   cinco

3. Son las cinco menos cinco.

diez	veinte y cinco
cuarto	media
veinte	cinco

4. Son las siete menos cinco.

diez	veinte y cinco
cuarto	media
veinte	veinte

1.21 **¿Qué hora es?**
Modelo: Es la una y cuarto.
No. Es la una menos cuarto.

1. Es la una y cuarto.
2. Son las tres y veinte.
3. Son las cinco y diez.
4. Son las cuatro y cuarto.
5. Son las ocho y veinte y cinco.
6. Son las dos y cinco.
7. Son las seis y veinte.
8. Son las ocho y cuarto.
9. Son las doce y veinte.
10. Es la una y cuarto.

(¿Qué hora es en este momento?)

1.22 **¿A qué hora?**
Modelo: ¿A qué hora vas a la biblioteca?
Voy a las cuatro de la tarde.

1. ¿A qué hora vas a la biblioteca?
2. ¿A qué hora vas a la clase de español?
3. ¿A qué hora vas a la clase de historia (inglés, matamáticas, ciencia)?
4. ¿A qué hora de la mañana vas a la cafetería para desayunar?
5. ¿A qué hora de la tarde vas a la cafetería para almorzar?
6. ¿A qué hora de la tarde o de la noche vas a la cafetería para cenar?
7. ¿Vas al gimnasio con frecuencia? ¿A qué hora?
8. ¿Vas a la biblioteca con frecuencia? ¿A qué hora?

MICROLOGUE

1.23 **La lengua española**
(Asistente sigue las instrucciones que acompañan el primer "micrologue" en este capítulo.)

La lengua española es una de las cinco más importantes del mundo. Se habla en España y en diez y nueve países del hemisferio oeste. Unos veinte millones de personas en los Estados Unidos hablan español.

Preguntas:
1. ¿Es la lengua española muy importante en el mundo?
2. ¿En cuántos países del hemisferio oeste se habla?
3. En los Estados Unidos, ¿cuántos millones de personas hablan español?

Capítulo Dos

VOCABULARIO: La familia

2.1   **¿Quién es la persona femenina?**
Modelo: Él es el abuelo.
Ella es la abuela.

1.   Él es el abuelo.
2.   Él es el padre.
3.   Él es el esposo.
4.   Él es el hermano.
5.   Él es el hijo.
6.   Él es el nieto.
7.   Él es el primo.
8.   Él es el tío.
9.   Él es el sobrino.
10.   Él es el novio.
11.   Él es el abogado.
12.   Él es el médico.
13.   Él es el enfermero.
14.   Él es el ingeniero.
15.   Él es el camarero.
16.   Él es el dependiente.
17.   Él es el abuelo.

2.2   **¿Cómo se llama?**
Modelo: Mi abuelo se llama (nombre).
Mi abuela ...
Mi abuela se llama (nombre).

Mi abuela se llama (nombre).
1.   Mi abuela ...
2.   Mi padre ...
3.   Mi madre...
4.   Mi tío favorito ...
5.   Mi tía favorita ...
6.   Mi hermano mayor ...
7.   Mi hermano menor ...
8.   Mi hermana mayor ...
9.   Mi hermana menor ...
10.   Mi compañero(a) de cuarto...
11.   Mi amigo favorito ...
12.   Mi amiga favorita ...
13.   Mi novio(a) ...
14.   Mi profesor(a) de español ..
15.   Mi abuelo ...

CONVERSACIÓN

2.3   **La visita de Juan a la clase de español**
Juan, un estudiante mexicano, habla con los estudiantes en
la clase de español.

[PROCEDURE FOR "BACKWARD BUILD-UP" OF THE THE CONVERSATIONS.
1.   The assistant teacher reads dramatically one line from
the conversation.
2.   If the line has two segments (as indicated by a slash)
the assistant teacher seeks (a) two choral repetitions
of the second segment followed by (b) a few individual
student repetitions of that segment and (c) one more
choral repetition.
3.   The assistant teacher then proceeds to seek two choral
repetitions of the first <u>and</u> the second segments
followed by a few individual student repetitions and
ending with one choral repetition.

4. If the line is short and has only one segment, work with it in its entirety following the same procedure of choral and individual repetitions.
5. As you proceed from line to line maintain a quick pace and use as much animation as possible!]

-- Me llamo Linda / y soy de Nueva Jersey. / ¿De dónde eres, Juan? /
-- Soy de Monterrey, en México. /
-- Me llamo Teresa. / ¿Dónde está tu familia, Juan? /
-- Mi familia está en Monterrey. / Mi hermano, Luis, que es médico, / está ahora en la ciudad de México. /
-- ¿Tienes hermanas? /
-- Sí, dos. / Son más jóvenes que yo / y están en la secundaria en Monterrey. /
-- ¿Cómo son tus padres? /
-- Mi madre es morena y bonita, / y es enfermera. / Mi padre es alto y serio, / y es abogado. /

2.4 Preguntas sobre la conversación

1. ¿De dónde es Linda?
2. ¿De dónde es Juan?
3. ¿Dónde está la familia de Juan?
4. ¿Es el hermano de Juan médico o ingeniero?
5. ¿Tiene Juan hermanas?
6. ¿Están ellas en la secundaria o en la universidad?
7. ¿Es la madre morena o rubia?
8. ¿Es enfermera o médica?
9. ¿Es el padre serio o cómico?
10. ¿Es hombre de negocios o abogado?

2.5 Expansión
Modelo: ¿Dónde está tu familia, Juan?   (hermana)
¿Dónde está tu hermana, Juan?

1. ¿Dónde está tu familia, Juan?
hermana	madre
prima	padre
novia	familia

2. Mi familia está en Monterrey.
abuelo	tío
abuela	tía
hermana	familia

3. Mi padre es abogado.
camarero	médico
hombre de negocios	dentista
ingeniero	abogado

4. Mi madre es enfermera.
   abogada
   ama de casa
   dependienta

   mujer de negocios
   médica
   enfermera

5. Mi madre es morena.
   bonita
   inteligente
   honesta

   sincera
   fenomenal
   morena

MAKING NEGATIVE STATEMENTS: Declaraciones negativas

2.6 **¿Cómo es usted?** (What are you like?)
    Conteste afirma o negativamente.
    Modelo: ¿Es usted muy inteligente?
    Sí, soy muy inteligente. (o)
    No, no soy muy inteligente.

    1. ¿Es usted muy inteligente?
    2. ¿Es usted sentimental?
    3. ¿Es usted romántico(a)?
    4. ¿Es usted cruel?
    5. ¿Es usted agresivo(a)?
    6. ¿Es usted tímido(a)?
    7. ¿Es usted artístico(a)?
    8. ¿Es usted generoso(a)?
    9. ¿Es usted ignorante?
    10. ¿Es usted estúpido(a)?
    11. ¿Es usted magnífico(a)?
    12. ¿Es usted responsable?
    13. ¿Es usted inmoral?
    14. ¿Es usted atlético(a)?
    15. ¿Es usted grosero(a)?
    16. ¿Es usted muy inteligente?

DESCRIBING PEOPLE AND THINGS: Los adjetivos descriptivos

2.7 **Él y ella**
    Modelo: Él es divertido.
    Ella es divertida.

    1. Él es divertido.
    2. Él es gordo.
    3. Él es alto.
    4. Él es fuerte.
    5. Él es grande.
    6. Él es moreno.
    7. Él es guapo.

    8. Él es joven.
    9. Él es rico.
    10. Él es inteligente.
    11. Él es simpático.
    12. Él es amable.
    13. Él es divertido.

2.8 **¿Cómo es usted?**
   Modelo: ¿Es usted diligente?
               Sí, soy diligente. (o)
               No, no soy diligente.

   1. ¿Es usted diligente?   7. ¿Es usted fuerte?
   2. ¿Es usted perezoso(a)?   8. ¿Es usted débil?
   3. ¿Es usted divertido(a)?   9. ¿Es usted aburrido(a)?
   4. ¿Es usted serio(a)?   10. ¿Es usted amable?
   5. ¿Es usted rico(a)?   11. ¿Es usted tonto(a)?
   6. ¿Es usted antipático(a)?   12. ¿Es usted diligente?

2.9 **Al contrario**
   Modelo: No es gordo.
               Es flaco. (o) **Es delgado.**

   1. No es gordo.   8. No es viejo.
   2. No es antipático.   9. No es feo.
   3. No es perezoso.   10. No es rubio.
   4. No es aburrido.   11. No es grande.
   5. No es tonto.   12. No es fuerte.
   6. No es pobre.   13. No es alto.
   7. No es malo.   14. No es gordo.

2.10 **Al plural**
   Modelo: La lección es fácil. Las lecciones ...
               Las lecciones son fáciles.

   1. La lección es fácil. Las lecciones ...
   2. La clase es difícil. Las clases ...
   3. El examen es fácil. Los exámenes ...
   4. El profesor es bueno. Los profesores ...
   5. El estudiante es diligente. Los estudiantes ...
   6. La clase es grande. Las clases ...
   7. La profesora es amable. Las profesoras ...
   8. El pupitre es viejo. Los pupitres ...
   9. El libro es nuevo. Los libros ...
  10. La oficina es pequeña. Las oficinas ...
  11. La lección es facil. Las lecciones ...

2.11 **¿Cómo son?**
   Conteste según el modelo.
   Modelo: Diego es sincero, ¿verdad?
               Sí, es sincero.
               ¿Y Pepe y Paco?
               Sí, son sinceros.

   1. Diego es sincero, ¿verdad?
       ¿y Pepe y Paco?
       ¿y Lupe?
       ¿y Linda y Lola?

2. Lola es simpática, ¿verdad?
   ¿y Diego?
   ¿y Lupe y Linda?
   ¿y Pepe y Paco?

3. Diego es joven, ¿verdad?
   ¿y Lola?
   ¿y Lupe y Linda?
   ¿y Pepe y Paco?

4. Pepe es amable, ¿verdad?
   ¿y Linda?
   ¿y Lupe y Lola?
   ¿y Paco y Diego?

5. Diego es guapo, ¿verdad?
   ¿y Linda?
   ¿y Lupe y Lola?
   ¿y Pepe y Paco?

INDICATING NATIONALITY: Adjetivos de nacionalidad

2.12 **Las nacionalidades**
     Modelo: Arturo es americano. Tracy ...
               Tracy es americana.

   1. Arturo es americano. Tracy ...
   2. Carlos es italiano. Ana ...
   3. Pepe es mexicano. Linda ...
   4. Pedro es alemán. Susana ...
   5. Pierre es francés. Sophía ...
   6. Alfonso es portugués. Carmen ...
   7. Juan es inglés. Inés ...
   8. Antonio es español. Elena ...
   9. Felipe es japonés. Lupe ...
  10. Andrei es ruso. Uliana ...
  11. El señor Ching es chino. La señora Ching ...
  12. Arturo es americano. Tracy ...

   (¿De qué nacionalidad es usted? ¿y su madre/padre? ¿y sus
   abuelos/abuelas?)

MICROLOGUE

2.13 **La familia hispana**
     (Asistente sigue las instrucciones que acompañan el primer
     "micrologue" en Capítulo Uno.)

La familia estadounidense es nuclear--padre, madre e hijos. La familia hispana es extendida--padre, madre, hijos, abuelos y otros parientes. Los miembros de la familia consultan con el abuelo, patriarca de la familia. La abuela tiene importancia en la educación de los nietos.

Preguntas
1. ¿Es la familia estadounidense nuclear o extendida?
2. ¿Es la familia hispana nuclear o extendida?
3. ¿Con quién consultan los miembros de la familia?
4. ¿En qué tiene importancia la abuela?

INDICATING LOCATION: **Estar** + localización

2.14 **¿Dónde están?**
Modelo: Yo estoy en la universidad. Nosotros ...
Nosotros estamos en la universidad.

1. Yo estoy en la universidad.
   Nosotros ...   Yo ...
   Mis amigos ...

2. Mis padres están en casa.
   Mi abuela ...   Mis padres ...
   Mi perro ...

3. Mis amigos están en la playa.
   Mi compañero(a) de cuarto ...   Mis amigos ...
   Mis hermanos ...

4. Mis hermanas están en la escuela secundaria.
   Mi primo ...   Mis hermanas ...
   Mi amigo Ricardo ...

5. El profesor está en la oficina.
   Los profesores ...   El profesor ...
   Unos alumnos ...

6. Concha está en la sala de clase.
   Yo ...   Concha ...
   Nosotros ...

7. Nosotros estamas en la universidad.
   Mis amigos ...   Nosotros ...
   Yo ...

2.15 **En este momento**
Modelo: ¿Dónde está el profesor?
            (respuesta posible) **Está en la oficina.**

1. ¿Dónde está el profesor?
2. ¿Dónde está tu compañero(a) de cuarto?
3. ¿Dónde está tu hermano(a) menor?
4. ¿Dónde está tu hermano(a) mayor?
5. ¿Dónde está tu novio(a)?
6. ¿Dónde está tu abuelo favorito?
7. ¿Dónde está tu abuela favorita?
8. ¿Dónde está tu padre?
9. ¿Dónde está tu madre?
10. ¿Dónde está el profesor?

DESCRIBING CONDITION: **Estar** + condición

2.16 **¿En qué condición están?**
Modelo: Mi madre está cansada. Mis abuelos ...
Mis abuelos están cansados.

1. Mi madre está cansada.
   Mis abuelos ...   Tú ...
   Los estudiantes ...   Nosotros ...
   Vosotros ...   Mi madre ...

2. Yo estoy bien.
   Rosa ....   Mi compañero(a) de cuarto ...
   Juan y José ...   Nosotros ...
   Mis padres ...   Yo ...

3. El profesor está mal.
   La profesra ...   Yo ...
   Un alumno ...   Tú ...
   Una alumna ...   El profesor ...

4. Los estudiantes están preocupados.
   Miguel ...   Yo ...
   Cecilia ...   Nosotros ...
   Ustedes ...   Los estudiantes ...

5. Mi amiga está contenta.
   Mis amigas ...   Tú ...
   Mis amigos ...   Nosotros ...
   Yo ...   Mi amiga ...

6. Las ventanas están abiertas.
   La puerta ...   La sala de clase ...
   Los cuadernos ...   Las ventanas ...
   El libro ...

2.17 **¿Cómo están?**
Modelo: ¿Estás bien?
Sí, estoy bien. (o)
No, no estoy bien.

1. ¿Estás bien?	7. ¿Estás aburrido(a)?
2. ¿Estás mal?	8. ¿Estás enojado(a)?
3. ¿Estás enfermo(a)?	9. ¿Estás nervioso(a)?
4. ¿Estás contento(a)?	10. ¿Estás preocupado(a)?
5. ¿Estás triste?	11. ¿Estás bien?
6. ¿Estás cansado(a)?	

Modelo: ¿Están ustedes bien?
Sí, estamos bien. (o)
No, no estamos bien.

12. ¿Están ustedes bien?
13. ¿Están ustedes contentos?
14. ¿Están ustedes cansados?
15. ¿Están ustedes aburridos?
16. ¿Están ustedes preocupados?
17. ¿Están ustedes enfermos?
18. ¿Están ustedes enojados?
19. ¿Están ustedes bien?

DESCRIBING PEOPLE, PLACES, AND THINGS: **Ser** y **estar**

2.18　**¿De dónde es?　¿Dónde está?**
　　　Modelo:　Es de Chile.　(Santiago)
　　　　　　　　　Está en Santiago.

1. Es de Chile.　(Santiago)
2. Es de la Argentina.　(Buenos Aires)
3. Es del Perú.　(Lima)
4. Es de Venezuela.　(Caracas)
5. Es del Uruguay.　(Montevideo)
6. Son de Colombia.　(Bogotá)
7. Son de Bolivia.　(Sucre)
8. Son del Ecuador.　(Quito)
9. Son de Costa Rica.　(San José)
10. Son de Nicaragua.　(Managua)
11. Son de Chile.　(Santiago)

2.19　**¿Quién es?　¿Cómo es?　¿Cómo está?**
　　　Complete con **ser** o **estar** según las indicaciones.
　　　Modelo:　Ella es madre.　(profesora)
　　　　　　　　　Es profesora.　(preocupada)
　　　　　　　　　Está preocupada.　(bonita)
　　　　　　　　　Es bonita.

1.	Ella es madre.	2.	Ella es abogada.
	(profesora)		(inteligente)
	(preocupada)		(buena)
	(bonita)		(bien)
	(madre)		(abogada)

3. Él es padre.
   (ingeniero)
   (alto)
   (cansado)
   (padre)

4. Ellos son estudiantes.
   (divertidos)
   (enfermos)
   (mal)
   (estudiantes)

5. Ella es profesora.
   (interesante)
   (diligente)
   (enojada con los estudiantes)
   (profesora)

2.20 **Los estudiantes**
Complete con **son** o **están** según las indicaciones.
Modelo: Ellos son estudiantes.   (buenos)
       Son buenos.   (mal)
       Están mal.

Ellos son estudiantes.

1. buenos	8. bien
2. mal	9. divertidos
3. jóvenes	10. contentos
4. inteligentes	11. de la Florida
5. americanos	12. en la universidad
6. serios	13. simpáticos
7. en la clase	14. estudiantes

2.21 **Descripciones**
Complete con una descripción apropiada.
Modelo: Yo soy ...
       (respuesta posible) **Soy amable.**

1. Yo soy ...
2. Yo estoy ...
3. Mi compañero(a) de cuarto es ...
4. Mi compañero(a) de cuarto está ...
5. Nosotros somos ...
6. Nosotros estamos ...
7. La profesora (el profesor) de español es ...
8. La profesora (el profesor) de español está ...
9. El(la) asistente es ...
10. El(la) asistente está ...
11. Los hombres en esta clase son ...
12. Los hombres en esta clase están ...
13. Las mujeres en esta clase son ...
14. Las mujeres en esta clase están ...
15. Yo soy ...

COUNTING FROM 30-100:   Los números de 30 a 100

2.22 Vamos a contar

    1. 5, 10, 15, ...
    2. 7, 17, 27, ...

2.23 El próximo número
Modelo: diez y nueve ...
           veinte

    1. diez y nueve ...   6. cuarenta y nueve ...
    2. ochenta y nueve ...   7. cincuenta y nueve ...
    3. treinta y nueve ...   8. setenta y nueve ...
    4. noventa y nueve ...   9. veinte y nueve ...
    5. sesenta y nueve ...   10. diez y nueve ...

2.24 ¿Cuántos estudiantes?
Modelo: Veinte estudiantes y veinte estudiantes son ...
           Son cuarenta estudiantes.

    1. Veinte estudiantes y veinte estudiantes son ...
    2. Diez estudiantes y quince estudiantes son ...
    3. Treinta estudiantes y treinta estudiantes son ...
    4. Quince estudiantes y quince estudiantes son ...
    5. Veinticinco y veinticinco estudiantes son ...
    6. Cincuenta estudiantes y veinticinco estudiantes son ...
    7. Cuarenta estudiantes más cuarenta estudiantes son ...
    8. Ochenta estudiantes más diez y nueve estudiantes son ..
    9. Veinte estudiantes y veinte estudiantes son ...

EXPRESSING POSSESSION AND TELLING AGE WITH **TENER:**   tener y tener
... **años**

2.25 Una familia fantástica
Modelo: Yo tengo una familia fantástica. Ella...
           Ella tiene una familia fantástica.

Yo tengo una familia fantástica.
    1. Ella ...   7. Mi compañero(a) de cuarto ...
    2. Carlos ...   8. Él ...
    3. Ellos ...   9. Tú ...
    4. Ustedes ...   10. Usted ...
    5. Nosotros ...   11. Yo ...
    6. Vosotros ...

2.26 ¿Cuántos años tiene?
Modelo: ¿Cuántos años tiene tu padre?
           Tiene ... años.

    1. ¿Cuántos años tiene tu padre?
    2. ¿Cuántos años tiene tu hermano o hermana mayor?

Capítulo Dos 18

3. ¿Cuántos años tiene tu hermano o hermana menor?
4. ¿Cuántos años tiene tu madre?
5. ¿Cuántos años tiene uno de tus abuelos?
6. ¿Cuántos años tiene una de tus abuelas?
7. ¿Cuántos años tiene tu compañero(a) de cuarto?
8. ¿Cuántos años tiene tu profesor(a) de español?

MICROLOGUE

2.27 **Los hispanos en los Estados Unidos**
(Asistente sigue las instrucciones que acompañan el primer "micrologue" en Capítulo Uno.)

En el siglo veinte, la mayoría de los inmigrantes vienen de México, de Puerto Rico y de Cuba. Los puertorriqueños llegan después de la Segunda Guerra Mundial. Los cubanos llegan en los años sesenta. Recientemente llegan muchos centroamericanos, principalmente de Nicaragua, El Salvador y Guatemala.

Preguntas
1. En el siglo veinte, ¿de qué tres países vienen la mayoría de los inmigrantes?
2. ¿Después de qué guerra mundial llegan los puertorriqueños?
3. ¿Los cubanos llegan en los años sesenta o setenta?
4. ¿Muchos centroamericanos llegan recientemente de qué tres países?

Capítulo Tres

VOCABULARIO: En el mercado

3.1   **¿Qué sirven en la cafetería?**
      Modelo: ¿Sirven mucho pescado?
                    Sí, sirven mucho pescado. (o)
                    No, no sirven mucho pescado.

1.   ¿Sirven mucho pescado?
2.   ¿Sirven mucho pollo?
3.   ¿Sirven mucho bistec?
4.   ¿Sirven langosta?
5.   ¿Sirven salchicha?
6.   ¿Sirven muchos camarones?
7.   ¿Sirven mucho jamón?
8.   ¿Sirven chuletas de cerdo?
9.   ¿Sirven muchos mariscos?
10.   ¿Sirven muchas patatas?
11.   ¿Sirven mucho arroz?
12.   ¿Sirven muchos frijoles?
13.   ¿Sirven mucha sandía?
14.   ¿Sirven fresas?
15.   ¿Sirven manzanas?
16.   ¿Sirven cerezas?
17.   ¿Sirven uvas?
18.   ¿Sirven mucha fruta?
19.   ¿Sirven mucho pescado?

3.2   **¿Es una carne, un legumbre o una fruta?**
      Modelo: ¿Qué es el bistec?
                    Es una carne.

1.   ¿Qué es el bistec?
2.   ¿Qué es el jamón?
3.   ¿Qué son los guisantes?
4.   ¿Qué son las judías verdes?
5.   ¿Qué es la pera?
6.   ¿Qué es el maíz?
7.   ¿Qué es la lechuga?
8.   ¿Qué es el pollo?
9.   ¿Qué es la naranja?
10.   ¿Qué es el limón?
11.   ¿Qué es la salchicha?
12.   ¿Qué son los frijoles?
13.   ¿Qué es la chuleta de cerdo?
14.   ¿Qué es el durazno (o) el melocotón?
15.   ¿Qué son las uvas?
16.   ¿Qué es el bistec?

3.3 **Opciones**
    Modelo: ¿Cuál prefieres, la salchicha o el tocino?
                  Prefiero la salchicha. (o)
                  Prefiero el tocino.

    1.   ¿Cuál prefieres, la salchicha o el tocino?
    2.   ¿Cuál prefieres, el jamón o el pollo?
    3.   ¿Cuál prefieres, el bistec o el pescado?
    4.   ¿Cuál prefieres, la carne o los mariscos?
    5.   ¿Cuál prefieres, los camarones o la langosta?
    6.   ¿Cuál prefieres, las judías verdes o los guisantes?
    7.   ¿Cuál prefieres, el arroz o los frijoles?
    8.   ¿Cuál prefieres, el arroz o las patatas?
    9.   ¿Cuál prefieres, las zanahorias o los guisantes?
    10. ¿Cuál prefieres, las cebollas o el ajo?
    11. ¿Cuál prefieres, las fresas o las cerezas?
    12. ¿Cuál prefieres, las manzanas o las peras?
    13. ¿Cuál prefieres, las peras o los duraznos?
    14. ¿Cuál prefieres, las naranjas o las manzanas?
    15. ¿Cuál prefieres, las bananas o las naranjas?
    16. ¿Cuál prefieres, las uvas o las cerezas?
    17. ¿Cuál prefieres, la piña o la sandía?

CONVERSACIÓN

3.4 **En el mercado público**
    Doña Rosa, cliente en el mercado, habla con doña María, una
    vendedora.
    (Asistente sigue las instrucciones que acompañan la
    Conversación en el Capítulo Dos.)

    --   Buenos días, doña María. / ¿Tiene buenas legumbres? /
         Necesito un kilo de judías verdes / y un kilo de
         tomates. /
    --   Tengo legumbres frescas de hoy / pero no tengo tomates./
    --   ¿Qué frutas tiene hoy? /
    --   Tengo fresas, uvas, / bananas y piña. /
    --   ¿Cuánto cuestan las uvas? /
    --   Cuestan treinta pesos el kilo. /
    --   Quiero un kilo de uvas / y un kilo de judías verdes. /
    --   Aquí tiene. / Gracias y hasta mañana. /

3.5 **Preguntas sobre la conversación**

    1.   ¿Necesita doña Rosa un kilo o dos kilos de judías
         verdes?
    2.   ¿Tiene doña María legumbres frescas?
    3.   ¿Tiene tomates?
    4.   ¿Qué frutas tiene hoy?
    5.   ¿Cuánto cuestan las uvas?
    6.   ¿Quiere doña Rosa un kilo o dos kilos de uvas?

3.6 **Expansión**
   Modelo: ¿Qué frutas tiene hoy?   (legumbres)
                  ¿Qué legumbres tiene hoy?

   1.   ¿Qué frutas tiene hoy?
         legumbres   mariscos
         carnes   frutas

   2.   Necesito un kilo de judías verdes.
         zanahorias   guisantes
         patatas   cebollas
         tomates   judías verdes

   3.   ¿Cuánto cuestan las manzanas?
         las naranjas   las fresas
         las peras   las cerezas
         los duraznos   las uvas
         las sandías   las manzanas
         las piñas

   4.   ¿Tiene langosta hoy?
         camarones   tocino
         pescado fresco   salchicha
         chuletas de cerdo   langosta

TALKING ABOUT ACTIONS IN THE PRESENT: El presente de los verbos
regulares -**ar**, -**er**, -**ir**

3.7 **En la universidad**
   Modelo: Estudio mucho.   (todos los días)
               Estudio todos los días.

   1.   Estudio mucho.
         (todos los días)   (mucho)
         (por la mañana)   (por la noche)
         (por la tarde)

   2.   ¿Hablas español?
         (portugués)   (español)
         (francés)   (japonés)
         (italiano)

   3.   Ella trabaja en el centro estudiantil.
         (en la oficina)
         (en el gimnasio)
         (en la biblioteca)
         (en la librería)
         (en el centro estudiantil)

4. Nosotros necesitamos estudiar.
   (aprender los verbos)
   (asistir a las clases)
   (escribir los ejercicios)
   (preparar la tarea)
   (estudiar)

5. ¿Vosotros tomáis matemáticas?
   (cálculo)   (alemán)
   (historia)   (matemáticas)
   (biología)

6. Los estudiantes llegan mañana.
   (a tiempo)   (mañana)
   (más tarde)   (por la noche)
   (temprano)

3.8 **Mis amigos y yo**
   Modelo: Compro fresas en el mercado.   (Mónica)
           Compra fresas en el mercado.

   1. Compro fresas en el mercado.
      (Tina y Elena)   (yo)
      (Alejandro)   (nosotros)

   2. ¿Preparan ustedes arroz con pollo?
      (tú)   (ustedes)
      (usted)   (la profesora)

   3. Guillermo desea tomar una Coca-Cola.
      (yo)   (Guillermo)
      (mis amigos)   (nosotros)

3.9 **En la universidad**
   Modelo: Aprendo los verbos fácilmente.   (el vocabulario)
           Aprendo el vocabulario fácilmente.

   1. Aprendo los verbos fácilmente.
      (el vocabulario)   (los verbos)
      (las expresiones)   (las conversaciones)
      (las palabras)

   2. ¿Comes en la cafetería?
      (en el centro estudiantil)
      (en casa)
      (en el restaurante Los Andes)
      (en la residencia)
      (en la cafetería)

3. Bebemos Coca-Cola.
   (Pepsi-Cola)   (Coca-Cola)
   (Fanta)   (café)
   (limonada)

4. Los lunes asistimos a la clase de música.
   (la clase de arte)   (la clase de música)
   (la clase de química)   (la clase de español)
   (la clase de filosofía)

5. Viven en la residencia.
   (en un apartamento)   (en la residencia)
   (en casa)   (en el campo)
   (en la ciudad)

3.10 **En México**
     Modelo: Vivimos en la capital.   (yo)
                 Vivo en la capital.

   1. Vivimos en la capital.
      (yo)   (tú)
      (Fernando)   (nosotros)

   2. ¿Aprenden ustedes español?
      (tú)   (usted)
      (Carmen)   (ustedes)

   3. Como tortillas todos los días.
      (nosotros)   (mi hermano)
      (mis padres)   (yo)

   4. ¿Bebe usted tequila?
      (tú)   (vosotros)
      (los mexicanos)   (usted)

3.11 **Estudiantes en la universidad**
     Modelo: Yo voy a las clases.   (estudiar en la biblioteca)
                 Yo estudio en la biblioteca.

   1. Yo voy a las clases.
      (estudiar en la biblioteca)   (escribir la tarea)
      (aprender el vocabulario)   (ir a las clases)

   2. El profesor es simpático.
      (vivir aquí)   (comer en la cafetería)
      (trabajar mucho)   (ser simpático)

   3. Nosotros estamos en la clase.
      (hablar mucho)   (escribir mucho)
      (aprender mucho)   (estar en la clase)

4. Los estudiantes venden cassettes.
   (ir a las discotecas)   (trabajar los sábados)
   (asistir a los conciertos)   (vender cassettes)

5. ¿Tú vives en la ciudad?
   (trabajar los sábados)   (estudiar en la universidad)
   (vender vídeos)   (vivir en la ciudad)

3.12 **Un estudiante ideal**
      Modelo: Un estudiante ideal, ¿estudia mucho?
               Sí, estudia mucho.

      1. Un estudiante ideal, ¿estudia mucho?
      2. Un estudiante ideal, ¿llega a clase tarde?
      3. ¿Estudia poco?
      4. ¿Asiste a todas las clases?
      5. ¿Prepara la tarea?
      6. ¿Come en la clase?
      7. ¿Habla inglés en la clase de español?
      8. ¿Estudia todos los días?
      9. ¿Llega a clase a tiempo?
     10. ¿Bebe Pepsi-Cola en la clase?

3.13 **Preguntas personales**
      Modelo: ¿Estudias mucho?
                   Sí, estudio mucho. (o)
                   No, no estudio mucho.

      1. ¿Estudias mucho?
      2. ¿Aprendes mucho español en la clase de español?
      3. ¿Llegas a la clase a tiempo todos los días?
      4. Durante la clase,
          ¿hablas español?
          ¿hablas mucho inglés?
          ¿tomas una siesta?
          ¿comes un sandwich?
      5. ¿Estudias por la tarde o por la noche?
      6. ¿Necesitas estudiar más?
      7. ¿Preparas bien la tarea?
      8. ¿Escribes los ejercicios en el cuaderno?
      9. ¿Aprendes todo el vocabulario?
     10. ¿Asistes a todas las clases?
     11. ¿Comes en la cafetería?
     12. ¿Vives en la residencia de estudiantes?
     13. ¿Deseas vivir en un apartamento?

MICROLOGUE

3.14 **Las tiendas de especialidades**
      (Asistente sigue las instrucciones que acompañan el primer
      "micrologue" en Capítulo Uno.)

En el mundo hispano, se ven frecuentemente tiendas pequeñas donde se vende un artículo o producto. Por ejemplo, una tienda donde venden carnes se llama una carnicería. Donde venden pasteles, se llama una pastelería.

Preguntas
1. En muchas tiendas pequeñas, ¿se venden muchos artículos o se vende un artículo?
2. ¿Cómo se llama una tienda donde se venden carnes?
3. ¿Cómo se llama una tienda donde se venden pasteles?

VOCABULARIO: Más comida y las bebidas

3.15 **Asociación**
Indique una palabra que corresponde a la palabra indicada.
Modelo: la sal
la pimienta

1. la sal	9. el tocino	17. la mantequilla
2. el pan	10. la sopa	18. el jugo
3. el almuerzo	11. la salchicha	19. el jamón
4. la crema	12. el queso	20. la cena
5. la ensalada	13. el huevo	21. la cebolla
6. el café	14. el azúcar	22. el aceite
7. la uva	15. la patata	23. el postre
8. el tomate	16. la mermelada	24. el bocadillo

3.16 **¿Es una carne, una legumbre, una fruta, un postre o una bebida?**
(Asistente/profesor(a) debe escribir las categorías en la pizarra.)
Modelo: ¿Qué es el té?
Es una bebida.

1. ¿Qué es el té?	11. ¿Qué es un durazno?
2. ¿Qué es una torta?	12. ¿Qué es la salchicha?
3. ¿Qué es una pera?	13. ¿Qué es una galleta?
4. ¿Qué es un pastel?	14. ¿Qué es el vino?
5. ¿Qué es la cerveza?	15. ¿Qué es una patata?
6. ¿Qué es una fresa?	16. ¿Qué es el agua mineral?
7. ¿Qué es una zanahoria?	17. ¿Qué es una cereza?
8. ¿Qué es el helado?	18. ¿Qué es la leche?
9. ¿Qué es una naranja?	19. ¿Qué es una chuleta?
10. ¿Qué es una piña?	20. ¿Qué es el té?

3.17 **Si está a dieta**
Usted desea estar en una dieta muy estricta. ¿Toma o no toma usted las siguientes comidas y bebidas?
Modelo: ¿Come usted hamburguesas con queso?
No, no como hamburguesas con queso.

1. ¿Come usted hamburguesas con queso?
2. ¿Come usted helado de fresa?
3. ¿Come usted ensalada?
4. ¿Bebe usted té?
5. ¿Bebe usted cerveza?
6. ¿Come usted torta de chocolate?
7. ¿Come usted pastel de manzana?
8. ¿Come usted muchas legumbres?
9. ¿Toma usted mucha mantequilla?
10. ¿Toma usted mucha mermelada?
11. ¿Toma usted mucha crema en el café?
12. ¿Toma usted mucho azúcar?
13. ¿Bebe usted jugo de naranja?
14. ¿Bebe usted vino?
15. ¿Come usted muchas galletas?
16. ¿Come usted pollo y pescado?
17. ¿Come usted salchicha y tocino?
18. ¿Come usted mucha comida frita?
19. ¿Bebe usted agua?
20. ¿Toma usted mucha sal?

3.18 **Preguntas personales**
Modelo: ¿Tomas mucha mantequilla en el pan?
          Sí, tomo mucha mantequilla. (o)
          No, no tomo mucha mantequilla.

1. ¿Tomas mucha mantequilla en el pan?
2. ¿Comes mucha carne?
3. ¿Comes mucha ensalada? ¿con o sin cebollas?
4. ¿Comes mucho o poco postre?
5. ¿Comes mucho helado? Generalmente, ¿tomas helado
    de vainilla, de chocolate o de fresa?
6. ¿Compras mucha pizza?
7. ¿Comes muchos huevos? Generalmente, ¿tomas los huevos
    revueltos o fritos?
8. ¿Comes muchas papas fritas?
9. ¿Comes muchas hamburguesas? ¿y perros calientes?
10. ¿Comes mucha comida mexicana? ¿italiana? ¿china?
11. ¿Tomas café? ¿con crema? ¿con azúcar?
12. ¿Tomas té? ¿mucho o poco? ¿caliente o frío?
13. ¿Tomas leche? ¿en el desayuno? ¿en el almuerzo?
    ¿en la cena?
14. ¿Bebes mucha o poca agua? ¿con o sin hielo?
15. Generalmente, ¿tomas jugo de naranja en el desayuno?
16. ¿Bebes muchos o pocos refrescos?
17. ¿Bebes cerveza? ¿Mucha o poca?
18. ¿Tomas vino? ¿Mucho o poco?

MICROLOGUE

3.19 **La importancia de la comida en el mundo hispano**
(Asistente sigue las instrucciones que acompañan el primer "micrologue" en Capítulo Uno.)

Para los hispanos la hora de la comida o el almuerzo es especial. La comida es larga, de más o menos dos horas. Consiste en varios platos y el postre. Después de la comida, los hispanos toman café o un coñac y conversan de asuntos serios o triviales.

Preguntas
1. Para los hispanos, ¿es la hora de la comida especial o normal?
2. ¿Es la comida larga o corta?
3. ¿Cuántas horas más o menos es la comida?
4. ¿La comida consiste en un plato o varios?
5. Después de la comida, ¿los hispanos toman café y conversan o salen inmediatamente?

ASKING FOR SPECIFIC INFORMATION: Palabras interrogativas

3.20 **Preguntas personales**
Modelo: ¿De dónde eres?
Soy de ...

1. ¿De dónde eres?
2. ¿Cómo te llamas?
3. ¿Cómo estás?
4. ¿De dónde es tu compañero(a) de cuarto?
5. ¿Cuántos hermanos tienes?
6. ¿Cuántas hermanas tienes?
7. ¿Cuándo estudias?
8. ¿Cuándo vas a la biblioteca?
9. ¿Quién es tu profesor(a) de español?
10. ¿Quién es tu profesor(a) de inglés?
11. ¿Cuál es tu profesor favorito o tu profesora favorita?
12. ¿Cuál es tu clase favorita?
13. ¿Dónde vives?
14. ¿Dónde comes?
15. ¿Qué bebida tomas en el desayuno?
16. ¿Qué bebida tomas en la cena?
17. ¿Adónde vas esta noche?
18. ¿Adónde vas el sábado por la noche?

3.21 **¿Cuántos o cuántas necesitas?**
Modelo: No necesito tres piñas.
¿Cuántas necesitas?

1. No necesito tres piñas.
2. No necesito dos sandías.
3. No necesito cinco duraznos.
4. No necesito cuatro peras.
5. No necesito dos limones.
6. No necesito diez tomates.
7. No necesito tres bananas.
8. No necesito seis naranjas.
9. No necesito tres piñas.

3.22 **El señor Fulano**
Modelo: No es de Caracas.
¿De dónde es?

1. No es de Caracas.
2. No está aquí.
3. No tiene cincuenta años.
4. No tiene tres hijas.
5. No es alto.
6. No es abogado.
7. No llega mañana.
8. No va a California.
9. Tejas no es su estado favorito.

EXPRESSING LIKES AND DISLIKES: **Gustar**

3.23 **¿Te gustan o no te gustan?**
Modelo: ¿Te gustan las cerezas?
Sí, me gustan. (o)
No, no me gustan.

1. ¿Te gustan las cerezas?
2. ¿Te gustan los huevos revueltos?
3. ¿Te gusta el pollo frito?
4. ¿Te gusta el bistec?
5. ¿Te gusta el ajo?
6. ¿Te gustan las cebollas?
7. ¿Te gusta el pescado?
8. ¿Te gusta el helado de chocolate?
9. ¿Te gusta el pastel de manzana?
10. ¿Te gusta el helado de fresa?
11. ¿Te gusta el jugo de tomate?
12. ¿Te gustan las aceitunas?
13. ¿Te gusta la comida en la cafetería?
14. ¿Te gusta la comida que tu madre prepara?
15. ¿Te gusta la comida que tú preparas?
16. ¿Te gustan las cerezas?

3.24 **¿Te gusta o no te gusta?**
Modelo: ¿Te gusta o no te gusta estudiar en la biblioteca?
Me gusta estudiar en la biblioteca. (o)
No me gusta estudiar en la biblioteca.

1. ¿estudiar en la biblioteca?
2. ¿hablar español?
3. ¿asistir a la clase de español?
4. ¿trabajar los sábados?
5. ¿comer en restaurantes?
6. ¿tomar café por la mañana?
7. ¿tomar vino?
8. ¿ir a la playa?
9. ¿ir al centro de la ciudad?
10. ¿vivir en la residencia de estudiantes?

3.25 **¿Les gusta?**
Modelo: A ustedes, ¿les gusta comer pizza?
Sí, nos gusta comer pizza. (o)
No, no nos gusta comer pizza.

1. A ustedes, ¿les gusta comer pizza?
¿tomar siestas?   ¿ir a conciertos?
¿tomar exámenes?   ¿comer comida italiana?
¿ir a fiestas?   ¿hablar español?

2. A los niños en general, ¿les gustan los guisantes?
¿el helado?   ¿las legumbres
¿las galletas Oreo?   ¿los chocolates?
¿el pescado?

3. A su madre, ¿le gusta trabajar?
¿estar en casa?   ¿preparar la comida?
¿comer langosta?   ¿ir al supermercado?
¿tomar cerveza?

3.26 **Preguntas para el/la asistente**
Modelo: ¿Te gusta la comida francesa?
(la comida japonesa)
¿Te gusta la comida japonesa?
(Asistente contesta las preguntas de los estudiantes.)

¿Te gusta la comida francesa?
1. la comida japonesa
2. el cereal Fruit Loops
3. la tequila
4. los frijoles
5. los huevos fritos con jamon
6. las hamburguesas de McDonald's
7. la comida en la cafetería
8. los profesores de la universidad
9. las clases (en general)
10. las fiestas aquí en la universidad
11. la comida francesa

MICROLOGUE

3.27 **La cultura hispana en los Estados Unidos**
(Asistente sigue las instrucciones que acompañan el primer
"micrologue" en Capítulo Uno.)

Ser "latino" es importante para una gran población de
hispanos en los Estados Unidos. Considerados una minoría,
los hispanos no han tenido suficientes oportunidades de
mostrar su personalidad. Pero en años recientes los
hispanos empiezan a hacer un impacto más fuerte en muchos
aspectos de la vida estadounidense, por ejemplo, en la
política, en la música, en el cine y en los deportes.

Preguntas
1. ¿Qué es importante para muchos hispanos en los Estados
   Unidos?
2. ¿Cómo son considerados los hispanos?
3. ¿Tienen los hispanos muchas o pocas oportunidades de
   mostrar su personalidad?
4. ¿En qué aspectos de la vida estadounidense hacen un
   impacto fuerte los hispanos?

Capítulo Cuatro

VOCABULARIO: El cuerpo y las actividades

4.1 Las partes del cuerpo
Primero, señalen (point out) con el dedo la parte del cuerpo indicada.

Modelo: el estómago

(Estudiantes señalan con el dedo el estómago)

1.	ojos	7.	boca	13.	pie
2.	nariz	8.	pierna	14.	oreja
3.	lengua	9.	pelo	15.	cuello
4.	brazo	10.	mano	16.	espalda
5.	hombro	11.	pecho	17.	estómago
6.	dientes	12.	dedo	18.	cara

Segundo, nombren (name) la parte del cuerpo señalada.

Modelo: (Asistente señala el estómago.)
el estómago

4.2 Partes del cuerpo y actividades
Modelo: Para bailar uso ...
las piernas, los pies, etc.

1. Para bailar uso ...
2. Para tocar la trompeta uso ...
3. Para pintar uso ...
4. Para nadar uso ...
5. Para mirar uso ...
6. Para manejar uso ...
7. Para limpiar uso ...
8. Para leer uso ...
9. Para fumar uso ...
10. Para escuchar uso ...
11. Para correr uso ...
12. Para hacer ejercicios uso ...
13. Para cantar uso ...
14. Para besar uso ...
15. Para abrazar uso ...
16. Para bailar uso ...

4.3 Actividades
Indique una acción que asocia con la parte del cuerpo indicada.

Modelo: boca
comer

1.	boca	5.	estómago
2.	brazos	6.	ojos
3.	manos	7.	orejas
4.	labios	8.	piernas

4.4 **Más actividades**
Modelo: En la biblioteca ...
estudio, leo, etc.

1. En la biblioteca ...
2. En la discoteca ...
3. En el parque ...
4. En el concierto ...
5. En el sofá ...
6. En las montañas de Colorado ...
7. En la playa en el océano ...
8. En mi coche ...
9. En el gimnasio ...

4.5 **Preguntas personales**

1. ¿Bailas bien?
2. ¿Cantas bien?
3. ¿Fumas?
4. ¿Lees mucho?
5. ¿Escuchas la radio todos los días?
6. ¿Miras la televisión todas las noches?
7. ¿Corres todos los días?
8. ¿Tocas un instrumento musical? ¿Cuál?

4.6 **Mi novio o mi novia**
Modelo: Llamo a mi novio(a).   (amar)
Amo a mi novio(a).

Llamo a mi novio(a).
1. amar   5. abrazar
2. buscar   6. besar
3. mirar   7. llamar
4. escuchar

Ahora conteste ...
¿A quién amas?
¿A quién abrazas frecuentemente?
¿A quién besas?
¿A quién llamas por teléfono con frecuencia?

CONVERSACIÓN

4.7 **Pasatiempos favoritos**
Pepita y Linda hablan de sus pasatiempos favoritos.
(Asistente sigue las instrucciones que acompañan la
Conversación en el Capítulo Dos.)

-- A mí me gusta mucho / jugar al tenis. / Juego
   frecuentemente. /
-- A mí también me gusta jugar. /

-- ¡Qué bien! / Quieres ir a jugar al tenis / esta tarde? /
-- ¡Claro que sí! / ¿Adónde vamos para jugar? /
-- ¿Te gustan las canchas públicas?
-- Sí, son nuevas y muy buenas. /

4.8 Preguntas sobre la conversación

1. ¿A las dos chicas les gusta jugar al tenis?
2. ¿Cuándo desean jugar?
3. ¿Adónde van para jugar?
4. ¿Son nuevas o viejas las canchas públicas?

4.9 Expansión

Modelo: A mí me gusta mucho jugar al tenis.
(al básquetbol)
A mí me gusta mucho jugar al básquetbol.

1. A mí me gusta mucho jugar al tenis.
   al básquetbol   al voleibol
   al fútbol   al béisbol
   al fútbol americano   al tenis

2. También me gusta correr.
   nadar   leer
   esquiar   cantar
   hacer ejercicios   tocar la guitarra
   escuchar música   correr

3. ¿Adónde vamos para jugar al tenis?
   mirar la televisión   hacer ejercicios
   bailar   escuchar música
   correr   jugar al tenis

TALKING ABOUT A WIDER VARIETY OF ACTIVITIES IN THE PRESENT:
Verbos con la forma **yo** irregular

4.10 Yo hago muchas cosas

Modelo: ¿Qué haces?   (la tarea)
Hago la tarea.

1. ¿Qué haces?
   la tarea
   ejercicios
   el trabajo

2. ¿Qué pones en el pupitre?
   los lápices
   el cuaderno
   los libros

3. ¿Qué traduces?
   el ejercicio
   las palabras
   el Panorama Cultural

4. ¿Cuándo sales?
   esta noche
   el sábado
   mañana

5. ¿Qué traes a la fiesta?
   las bebidas
   la torta
   el helado

6. ¿Qué tipo de coche conduces?
   un Honda
   un Ford
   un Toyota

7. ¿A quién ves?
   a mis amigos
   a la profesora
   a mi compañero(a) de cuarto

8. ¿A quién oyes?
   a mi hermano
   a mis padres
   a mi perro

9. ¿A quién conoces?
   a la profesora
   al profesor
   al presidente

10. ¿Qué sabes hacer?
    nadar
    jugar al tenis
    esquiar

4.11 **Ellos hacen muchas cosas también**
     Modelo: Yo salgo todos los sábados.   (Felipe)
            Felipe sale todos los sábados.

1. Yo salgo todos los sábados.
   Felipe ...   Nosotros ...
   Mis amigos ...   Yo ...

2. Yo conduzco un coche viejo.
   Marta ...   Nosotros ...
   Mis padres ...   Yo ...

3. Yo traduzco las Noticias Culturales.
    Los estudiantes ...   María ...
    Nosotros ...   Yo ...

4. Yo veo el problema.
    Mis padres ...   Nosotros ...
    Mi amigo ...   Yo ...

5. Yo hago ejercicios.
    Ellas ...   Felipe ...
    Nosotros ...   Yo ...

6. Yo doy dinero a causas buenas.
    Mis amigos ...   Tú ...
    Mi madre ...   Yo ...

7. Yo sé bailar el merengue.
    Mi novio(a) ...   Nosotros ...
    Tú ...   Yo ...

8. Yo conozco al presidente.
    La profesora ...   Nosotros ...
    Mis abuelos ...   Yo ...

4.12 **¿Sé o conozco?**
      Complete la oración con **sé** o **conozco**.
      Modelo: Madrid
                   Conozco Madrid.

1. Madrid   8.   el mercado
2. la ciudad de México   9.   esquiar
3. a la señorita Torres   10.   hablar inglés
4. bailar bien   11.   a las estudiantes
5. tocar el violín   12.   cantar bien
6. al profesor   13.   su número de teléfono
7. todo el vocabulario   14.   Madrid

4.13 **Preguntas personales**

1. En la clase de español, ¿a quién conoces bien?
2. ¿Qué deportes sabes jugar?
3. ¿Qué instrumentos musicales sabes tocar?
4. ¿Qué traes a la clase todos los días?
5. ¿A qué hora sales de la clase?
6. ¿Qué haces por la noche los lunes, los martes, etc.?
7. ¿Qué tipo de coche conduces?
8. ¿Qué programas de televisión ves con más frecuencia?

MICROLOGUE

4.14 **Tres deportes populares en los países hispanos.**

El fútbol es muy popular en todos los países hispanos. El béisbol es muy popular en Puerto Rico, Cuba, la República Dominicana y Venezuela. La corrida de toros es más popular en España, México y algunos países de Sudamérica. Pero hay una controversia: unos afirman que es un deporte; otros afirman que es un arte.

Preguntas
1. ¿Es el fútbol popular en todos los países hispanos o solamente en algunos?
2. ¿El el béisbol más popular en Puerto Rico o en Chile?
3. ¿Es la corrida de toros más popular en España o en los Estados Unidos?
4. Respecto a la corrida de toros hay una controversia, ¿qué afirman unos? ¿y qué afirman otros?

TALKING ABOUT A WIDER VARIETY OF ACTIVITIES IN THE PRESENT:
Verbos con cambios en la raíz

4.15 **¿Quién quiere salir?**
Modelo: ¿Quién quiere ir a la fiesta?
Los estudiantes ...
Los estudiantes quieren ir a la fiesta.

1. ¿Quién quiere ir a la fiesta?
Los estudiantes ...   Nosotros ...
Francisco ...   Yo ...
Tú ...

2. ¿Quién viene ahora?
La profesora ...   Yo ...
Mis amigos ...   Nosotros ...
Marta ...

3. ¿Quién puede conducir?
Vosotros ...   Yo ...
El profesor ...   Nosotros ...
Tú ...

4. ¿Quíen prefiere ir a un restaurante?
Yo ...   Nosotros ...
Juan y Julio ...   Mariela ...
Tú ...

4.16 **¿Qué puedo hacer en McDonald's?**
Modelo: En McDonald's, ¿puedo pedir un bistec muy grande?
No, no puedes pedir un bistec muy grande.

1. ¿Puedo pedir un bistec muy grande?
2. ¿Puedo pedir una cerveza?
3. ¿Puedo mirar la televisión?
4. ¿Puedo escuchar la música?
5. ¿Puedo pedir una hamburguesa?
6. ¿Puedo tomar una siesta?
7. ¿Puedo mirar a las personas?
8. ¿Puedo bailar?
9. ¿Puedo pedir vino? ¿cerveza?
10. ¿Puedo hablar con mis amigos?
11. ¿Puedo pedir una Coca-Cola?
12. ¿Puedo comer papas fritas?
13. ¿Puedo comer ensalada?
14. ¿Puedo pedir camarones?

4.17 **Lo que quiero hacer**
Modelo: Soy Bruce Springsteen.
Quiero cantar.

1. Soy Bruce Springsteen.
2. Soy Julia Childs.
3. Soy Picasso, Dalí o Van Gogh.
4. Soy Michael Jordan.
5. Voy a la discoteca.
6. Voy a la biblioteca.
7. Voy al gimnasio.
8. Voy a la playa.
9. Voy a la oficina del profesor.
10. Voy a la residencia de estudiantes.

4.18 **¿Cierto o falso?**
Modelo: Los estudiantes duermen ocho horas todas las noches.
Sí, los estudiantes duermen ocho horas todas las noches.
(o)
No, los estudiantes no duermen ocho horas todas las noches.

1. Los estudiantes duermen ocho horas todas las noches.
2. Los estudiantes quieren estudiar todas las noches.
3. Los estudiantes prefieren tomar cerveza.
4. Los estudiantes piden mucho vino.
5. Los estudiantes duermen tarde los domingos.
6. Los estudiantes entienden los problemas de los profesores.
7. Los profesores entienden los problemas de los estudiantes.
8. Los profesores juegan bien al fútbol.
9. Los profesores saben bailar bien.
10. Los estudiantes quieren muchas vacaciones.
11. Los abogados dicen la verdad.

4.19   **Preguntas personales**

1. ¿Tienes hambre ahora? ¿Tienes sed?
2. ¿Prefieres comer en la cafetería o en un restaurante?
3. ¿Quieres ir a un restaurante ahora?
4. ¿En un restaurante, ¿pides leche con la comida?
5. En un restaurante, en la cena, ¿qué comidas prefieres generalmente?
6. ¿Qué bebidas pides generalmente?
7. ¿Pides postre generalmente? ¿Cuál?
8. ¿Qué deporte juegas muy bien?
9. ¿Qué deporte no juegas bien?
10. ¿Vienes a la clase de español todos los días?
11. ¿Vienes a clase con la tarea?
12. ¿Tienes un profesor fantástico (una profesora fantástica)?
13. ¿Entiendes bien al profesor (a la profesora)?
14. ¿Quieres ir a la residencia de estudiantes ahora?
15. ¿Duermes bien en la residencia de estudiantes?
16. ¿Cuántas horas duermes generalmente?

STATING PREFERENCES AND OBLIGATIONS: **Tener ganas de ... y tener que ... y más**

4.20   **¿Qué tienes ganas de hacer?**
    Modelo: ¿Tienes ganas de estudiar?
        Sí, tengo ganas de estudiar. (o)
        No, no tengo ganas de estudiar.

1. ¿Tienes ganas de estudiar?
2. ¿Tienes ganas de dormir?
3. ¿Tienes ganas de trabajar?
4. ¿Tienes ganas de limpiar el cuarto?
5. ¿Tienes ganas de leer una novela romántica?
6. ¿Tienes ganas de jugar al tenis?
7. ¿Tienes ganas de escuchar la radio?
8. ¿Tienes ganas de mirar la televisión?
9. ¿Tienes ganas de comer una hamburguesa?
10. ¿Tienes ganas de caminar por el parque?
11. ¿Tienes ganas de besar a tu novio(a)?
12. ¿Tienes ganas de salir de la clase?

Ahora, cada estudiante le hace la pregunta a otro(a) estudiante: **¿Qué tienes ganas de hacer en este momento?** Después, cada estudiante indica lo que su compañero(a) tiene ganas de hacer.

4.21   **¿Qué tienes que hacer?**
    Modelo: ¿Tienes que ir al supermercado?
        Sí, tengo que ir. (o)
        No, no tengo que ir.

1. ¿Tienes que ir al supermercado?
2. ¿Tienes que trabajar esta noche?
3. ¿Tienes que estudiar para un examen?
4. ¿Tienes que leer muchas novelas?
5. ¿Tienes que limpiar tu cuarto?
6. ¿Tienes que llamar a tus padres?
7. ¿Tienes que ir a la biblioteca?
8. ¿Tienes que hablar con el profesor (la profesora)?
9. ¿Tienes que salir de la residencia temprano por la mañana?
10. ¿Tienes que preparar la cena esta noche?

Ahora, cada estudiante le hace la pregunta a otro(a) estudiante: **¿Qué tienes que hacer hoy?**
Después, cada estudiante indica lo que su compañero(a) tiene que hacer.

MAKING FUTURE PLANS: **Ir + a + infinitivo**

4.22 **¿Qué vas a hacer?**
   Modelo: Tengo mucho trabajo hoy.
           Voy a trabajar.

1. Tengo mucho trabajo hoy.
2. Tengo un examen mañana.
3. Tengo sed.
4. Tengo hambre.
5. Tengo un voleibol.
6. Tengo una raqueta de tenis.
7. Tengo mis esquís.
8. No tengo mi coche.
9. No tengo tarea esta noche.
10. Hay una discoteca aquí.
11. Hay un parque aquí.
12. Hay un teléfono aquí.

Ahora, cada estudiante le hace la pregunta a otro(a) estudiante: **¿Qué vas a hacer este fin de semana?**
Después, cada estudiante indica lo que su compañero(a) va a hacer.

INDICATING POSSESSION: Posesión con **de**

4.23 **¿De quién es?**
   Modelo: No es mi libro.
           ¿De quién es?

1. No es mi libro.
2. No es mi cuaderno.
3. No son mis bolígrafos.
4. No es mi examen.
5. No son mis papeles.
6. No es mi lápiz.
7. No es mi novela.
8. No son mis libros.

4.24 **Son de Miguel**
Modelo: ¿De quién son los esquís?
Son de Miguel.

1. ¿De quién son los esquís?
2. ¿De quién es la raqueta de tenis?
3. ¿De quién es el béisbol?
4. ¿De quién es el voleibol?
5. ¿De quién es la radio?
6. ¿De quién son los cigarillos?
7. ¿De quién son los blujeans?
8. ¿De quién es la guitarra?
9. ¿De quién son los cassettes?

4.25 **¿Dónde están?**
Modelo: ¿Dónde está mi radio?   (cassettes)
¿Dónde están mis cassettes?

1. ¿Dónde está mi radio?
   cassettes   calculadora
   vídeos   radio

2. ¿Dónde está tu cámara?
   raqueta de tenis   esquís
   bicicleta   cámara

3. ¿Dónde está su bolígrafo?
   cuaderno   composición
   lápices   bolígrafo

4. ¿Dónde están nuestros exámenes?
   papeles   bolígrafos
   tarea   exámenes

5. ¿Dónde están sus padres?
   hermano   abuelos
   primos   padres

4.26 **Un picnic**
Modelo: Tengo mi almuerzo. Manuel ...
Manuel tiene su almuerzo.

1. Tengo mi almuerzo.
   Manuel ...   Tú ...
   Mónica ...   Yo ...
   Nosotros ...

2. Tengo mis sandwiches.
   Ustedes ...   Tú ...
   Nosotros ...   Yo ...
   Ana ...

3. Tengo mis bebidas.
Mónica ...   Martín ...
Tú ...   Yo ...
Nosotros ...

4. Tengo mis galletas.
Los estudiantes ...   Nosotros ...
La profesora ...   Yo ...
Tú ...

MICROLOGUES

4.27 España

Varios pueblos han contibuido sus conocimientos al país que
hoy se llama España. Dos de los más importantes eran los
romanos y los moros. Los romanos contribuyeron su lengua,
el latín, su arquitectura y más. Los moros contribuyeron
mucho en la filosofía, el arte, la medicina y más.

Preguntas
1. ¿Muchos o pocos pueblos han contribuido sus
   conocimientos al país que hoy se llama España?
2. ¿Cuáles eran dos que contribuyeron mucho?
3. ¿Qué lengua contribuyeron los romanos?
4. ¿Qué contribuyeron los moros?

4.28 España

El año mil cuatrocientos noventa y dos es muy importante en
la historia de España. En ese mismo año Isabel y Fernando
unificaron a España en su lengua, su religión y su
dirección política. También Cristóbal Colón llegó al Nuevo
Mundo y así se inició la exploración del nuevo continente.

Preguntas
1. ¿Qué año es muy importante en la historia de España?
2. ¿Quiénes unificaron a España?
3. ¿Cómo unificaron a España?
4. ¿Adónde llegó Cristóbal Colón?
5. ¿Qué se inició cuando Colón llegó al nuevo continente?

Capítulo Cinco

VOCABULARIO: La ropa

5.1   **Asociación**
      Indique un artículo de ropa, etc. que corresponde a la
      referencia indicada.
      Modelo: los zapatos
                    los calcetines

      1.   los zapatos   8.   el sombrero
      2.   la falda   9.   el collar
      3.   el paraguas   10.   la joya
      4.   el abrigo   11.   las lentes de contacto
      5.   la camiseta   12.   la bolsa
      6.   la corbata   13.   los zapatos
      7.   la chaqueta

5.2   **¿Cómo son los artículos de ropa?**
      Modelo: ¡La camisa es barata!   (los blujeans)
                    ¡Los blujeans son baratos!

      1.   ¡La camisa es barata!
           los blujeans   el traje de baño
           la chaqueta   los zapatos
           el suéter   la camisa
           la bolsa

      2.   ¡El impermeable es caro!
           el abrigo   los aretes
           las botas   el collar
           el reloj   las joyas
           la pulsera   el impermeable

      3.   ¿Están sucios los zapatos?
           las camisas   las camisetas
           los calcetines   la ropa interior
           las medias   los zapatos
           los blujeans

      4.   ¿Está limpio el suéter?
           los calcetines   la falda
           los pantalones   las camisas
           la camiseta   el suéter
           las blusas

      5.   Ella lleva un vestido corto.
           una falda   pantalones
           una chaqueta   un vestido
           un abrigo

6. Ella lleva un vestido largo.

   una falda   pantalones
   un abrigo   un vestido
   un suéter

7. ¿Tienes otro paraguas?

   impermeable   chaqueta
   bolsa   suéter
   abrigo   gafas de sol
   gorra   paraguas

5.3 Preguntas

Modelo: ¿Dónde ponemos el dinero?
             En la cartera.

1. ¿Dónde ponemos el dinero?
2. ¿Qué miramos para ver la hora?
3. ¿Qué llevamos en las manos cuando tenemos frío?
4. ¿Qué llevamos en la cabeza cuando tenemos frío?
5. ¿Qué llevamos en los pies cuando tenemos frío?
6. ¿Qué otra ropa llevamos cuando tenemos frío?
7. ¿Qué tipo de pantalones llevamos cuando tenemos calor?
8. ¿Qué llevamos cuando vamos a la playa?
9. ¿Qué llevan las mujeres cuando van a una fiesta elegante? ¿y qué llevan los hombres?
10. ¿Te gusta ir de compras? ¿Adónde?
11. ¿Vas de compras con frecuencia?
12. ¿Le gusta a tu padre ir de compras? ¿y a tu madre?

5.4 ¿Cuánto cuestan?

Modelo: ¿Cuánto cuestan los blujeans?   (la cartera)
             ¿Cuánto cuesta la cartera?

¿Cuánto cuestan los blujeans?

1.	la cartera	5.	la ropa interior
2.	la falda	6.	los calcetines
3.	las gafas de sol	7.	el traje
4.	las joyas	8.	los blujeans

CONVERSACIÓN

5.5 En la tienda de ropa

Ana y Maite van de compras. Maite quiere comprar un regalo de cumpleaños para su padre.
(Asistente sigue las instrucciones que acompañan la Conversación en el Capítulo Dos.)

-- Buenos días, señoritas. / ¿En qué puedo servirles? /
-- Necesito un suéter / de la talla cuarenta y nueve. / Es para mi padre. / Mañana es su cumpleaños. /
-- Aquí tenemos estos. / Son de lana / y también de

algodón. / Tenemos una gran variedad de tallas. /
-- Mira, Maite, ¿te gusta éste? /
-- Sí. Es muy juvenil. / Creo que le va a gustar mucho. /
Con el veinticinco por ciento de rebaja / son 8.000
pesetas. /
-- Aquí tiene mi tarjeta de crédito.

5.6 **Preguntas sobre la conversación**

1. ¿Qué necesita Maite?
2. ¿De qué talla?
3. ¿Para quién es?
4. ¿Por qué compra el suéter?
5. ¿Hay suéteres de lana? ¿y de algodón?
6. ¿Cuánta rebaja hay?
7. ¿Cuánto cuesta el suéter?
8. ¿Cómo paga Maite?

5.7 **Expansión**
Modelo: Necesito un suéter en la talla cuarenta y cuatro.
(una blusa)
Necesito una blusa en la talla cuarenta y cuatro.

1. Necesito un suéter en la talla cuarenta y nueve.
   una blusa   un abrigo
   una camisa   un impermeable
   una chaqueta   un suéter

2. El suéter es para mi padre.
   madre   novio(a)
   hermano   primo
   amiga   padre

3. ¡Me gusta esa blusa rosada!
   amarilla   roja
   blanca   verde
   azul   rosada

4. ¿Te gustan esos pantalones blancos?
   pardos   azules
   negros   anaranjados
   grises   blancos

POINTING OUT THINGS AND PERSONS: Los demostrativos

5.8 **¿Qué ropa debes llevar?**
Modelo: Debo llevar esta camisa.   (zapatos)
Debo llevar estos zapatos.

Debo llevar esta camisa.

1.	zapatos	7.	botas
2.	suéter	8.	sombrero
3.	pantalones	9.	zapatos
4.	calcetines	10.	chaqueta
5.	camisetas	11.	gorra
6.	bolsa	12.	camisa

5.9 **¿Qué ropa prefieres llevar?**
Modelo: Prefiero llevar esta camisa.   (sombrero)
Prefiero llevar este sombrero.

Prefiero llevar esta camisa.

1.	sombrero	7.	gafas de sol
2.	cinturón	8.	guantes
3.	blusa	9.	cartera
4.	traje de baño	10.	bolsa
5.	camiseta	11.	abrigo
6.	zapatos de tenis	12.	camisa

5.10 **Vamos de compras**
Modelo: Esos calcetines son baratos.
Sí, y aquéllos también.

1. Esos calcetines son baratos.
2. Esas gafas de sol son baratas.
3. Esos anillos son caros.
4. Esa pulsera es cara.
5. Ese reloj es caro.
6. Ese vestido es bonito.
7. Esa falda es bonita.
8. Esos suéteres son bonitos.

5.11 **¿Cuál vas a llevar?**
Modelo: ¿Llevas este suéter?
No, llevo ése.

1. ¿Llevas este suéter?
2. ¿Llevas estos pantalones?
3. ¿Llevas estos zapatos?
4. ¿Llevas este abrigo?
5. ¿Llevas esta chaqueta?
6. ¿Llevas este sombrero?
7. ¿Llevas esta camisa?
8. ¿Llevas estas cosas?
9. ¿Llevas este suéter?

EMPHASIZING POSSESSION: Los adjetivos y pronombres de posesión

5.12 **¿Quién llega mañana?**
Modelo: Una amiga mía llega mañana.   (amigo)
Un amigo mío llega mañana.

1. Una amiga mía llega mañana.
    amigo   parientes
    primos   amiga

2. Un amigo tuyo llega mañana.
    amiga   primas
    amigos   amigo

3. Unos amigos suyos llegan mañana.
    amigas   prima
    pariente   amigos

4. Un amigo nuestro llega mañana.
    amiga   parientes
    primas   amigo

5.13 **¿Es de Juan?**
Modelo: Este sombrero, ¿es de Juan?
             Sí, es suyo.

1. Este sombrero, ¿es de Juan?
2. Estas gafas, ¿son de Juan?
3. Estos zapatos de tenis, ¿son de Juan?
4. Esta cartera, ¿es de Juan?
5. Este suéter, ¿es de Juan?
6. Este paraguas, ¿es de Juan?
7. Estos calcetines, ¿son de Juan?
8. Esta gorra, ¿es de Juan?

5.14 **¿Es tuyo?**
Modelo: ¿Es tuya esa chaqueta?
             Sí, es mía. (o) No, no es mía.

 1. ¿Es tuya esa chaqueta?
 2. ¿Es tuyo ese reloj?
 3. ¿Es tuyo ese anillo?
 4. ¿Es tuyo ese libro?
 5. ¿Es tuya esa mochila (bookbag)?
 6. ¿Son tuyos esos cuadernos?
 7. ¿Son tuyas esas cosas?
 8. ¿Es tuya esa bolsa?
 9. ¿Son tuyos esos zapatos?
10. ¿Es tuya esa gorra?

5.15 **Yo tengo el mío**
Modelo: Yo tengo mi sombrero.
             Yo tengo el mío también.

1. Yo tengo mi sombrero.
2. Yo tengo mis botas.
3. Yo tengo mi paraguas.

4. Yo tengo mi impermeable.
5. Yo tengo mi suéter.
6. Yo tengo mi gorra.
7. Yo tengo mis guantes.
8. Yo tengo mi abrigo.
9. Yo tengo mi chaqueta.

MICROLOGUE

5.16 **Ir a la moda**

"Ir a la moda" es muy importante en las ciudades hispanas.
A la gente le gusta pasar mucho tiempo en lugares públicos.
A los hispanos les gusta tener un sentido de elegancia y
causar una buena impresión. En general la ropa no es tan
casual como en los Estado Unidos.

Preguntas
1. ¿Es "ir a la moda" muy importante?
2. ¿Dónde le gusta a la gente pasar mucho tiempo?
3. A los hispanos, ¿qué les gusta tener?
4. A los hispanos, ¿qué les gusta causar?
5. En general, ¿es la ropa tan casual como en los Estados
   Unidos?

TALKING ABOUT THE WEATHER AND THE SEASONS: El tiempo y las
estaciones

5.17 **¿Qué tiempo hace?**

1. ¿Hace buen tiempo o hace mal tiempo hoy?
2. ¿Hace mucho frío hoy?
3. ¿Hace mucho calor?
4. ¿Hace fresco?
5. ¿Hace sol?
6. ¿Hace viento?
7. ¿Está nublado?
8. ¿Está lloviendo?
9. ¿Está nevando?
10. ¿Llueve mucho en Oregón?
11. ¿Nieva mucho en Alaska?

5.18 **Las estaciones**
¿Qué estación o estaciones asocia usted con las siguientes
actividades?
Modelo: nadar en el océano
          el verano

1. nadar en el océano
2. esquiar en las montañas
3. esquiar en el agua

4. jugar al fútbol americano
5. jugar al béisbol
6. jugar al básquetbol
7. caminar por el parque
8. ir en bicicleta
9. ir a la universidad
10. ir a la playa
11. ir a las montañas
12. mirar la televisión y leer novelas

5.19 **¿Qué tiempo hace allí?**
Modelo: ¿Qué tiempo hace en Alaska?
Hace frío. Nieva.

1. ¿Qué tiempo hace en Alaska?
2. ¿Qué tiempo hace en Panamá?
3. ¿Qué tiempo hace en las montañas de Colorado en el invierno?
4. ¿Qué tiempo hace en las montañas de Colorado en el verano?
5. ¿Qué tiempo hace en las playas del Brasil?
6. ¿Qué tiempo hace en Cuba?
7. ¿Qué tiempo hace en Inglaterra (England)?
8. ¿Qué tiempo hace en Vermont en el otoño?
9. ¿Qué tiempo hace en Seattle, Washington en la primavera?
10. ¿Qué tiempo hace en Panamá?

MICROLOGUE

5.20 **La ropa tradicional**

En los países hispanos hay diversos grupos que mantienen su ropa tradicional. En los países con una gran concentración de población indígena, se ven ponchos y otras ropas de muchos colores. Hay ropas que son distintivas de un grupo, por ejemplo, el "huipil", un vestido de origen maya, con un bordado de flores de muchos colores.

Preguntas
1. ¿Qué mantienen diversos grupos en algunos países hispanos?
2. ¿Qué tipo de ropa se ve en los países con una gran concentración de población indígena?
3. ¿Cuál es un ejemplo de una ropa muy distintiva?
4. ¿De qué origen es el huipil?

COUNTING FROM 100: Los números de cien a ...

5.21 **Una serie de números**
Modelo: dos
veinte, doscientos

1.	dos	6.	siete
2.	tres	7.	ocho
3.	cuatro	8.	nueve
4.	cinco	9.	diez
5.	seis	10.	uno

5.22 **¿Cuánto cuestan dos?**
   Modelo: Un abrigo cuesta $150.
               Dos cuestan $300.

   1. Un abrigo cuesta $150.
   2. Un impermeable cuesta $100.
   3. Un anillo cuesta $200.
   4. Un collar de perlas cuesta $500.
   5. Una pulsera cuesta $250.
   6. Un reloj muy elegante cuesta $450.
   7. Un estéreo cuesta $350.
   8. Un tractor cuesta $900.
   9. Un coche nuevo cuesta $14,000.
  10. Una casa nueva cuesta $125,000.
  11. Una mansión cuesta $500,000.

INDICATING DATES: ¿Cuál es la fecha?

5.23 **El mes que sigue**
   Modelo: No es enero.
               Es febrero.

1.	No es enero.	8.	No es julio.
2.	No es octubre.	9.	No es febrero.
3.	No es agosto.	10.	No es mayo.
4.	No es junio.	11.	No es marzo.
5.	No es abril.	12.	No es diciembre.
6.	No es noviembre.	13.	No es enero.

5.24 **¿Cuál es el año correcto?**
   Modelo: ¿Cuál es el año correcto de la Primera Guerra
               Mundial? ¿1914 o 1970?
               Mil novecientos catorce.

   1. ¿Cuál es el año correcto de la Primera Guerra Mundial?
       ¿1914 o 1970?
   2. ¿y de la Segunda Guerra Mundial? ¿1939 o 1900?
   3. ¿y cuando Cristóbal Colón llegó al Nuevo Mundo? ¿1492
       o 1500?
   4. ¿y cuando terminó la Guerra Civil de los Estados
       Unidos? ¿1812 o 1865?
   5. ¿y de la Declaración de Independencia? ¿1776 o 1830?
   6. ¿y cuando llegaron los primeros ingleses a Plymouth
       Rock? ¿1620 o 1700?
   7. ¿y cuando llegaron los primeros ingleses a Jamestown,
       Virginia? ¿1700 o 1607?

5.25 **¿Cuál es la fecha?**

1. ¿Cuál es la fecha de hoy?
2. ¿Cuál es la fecha del Día de la Independencia de los Estados Unidos?
3. ¿Cuál es la fecha de la Navidad?
4. ¿Cuál es la fecha del Año Nuevo?
5. ¿Cuál es la fecha del Día de los Novios o San Valentín?
6. ¿Cuál es la fecha del Día de los Inocentes (April Fool's Day)?
7. ¿Cuál es la fecha de tu cumpleaños? (día, mes, año de cada estudiante)

INDICATING THAT AN ACTION HAS BEEN GOING ON FOR A PERIOD OF TIME: **Hacer** para expresar tiempo

5.26 **¿Cuánto tiempo hace?**
Modelo: ¿Cuánto tiempo hace que estudias aquí?
(vivir aquí)
¿Cuánto tiempo hace que vives aquí?

¿Cuánto tiempo hace que estudias aquí?
1. vivir aquí
2. hablar español
3. manejar un coche
4. conocer a la profesora (al profesor)
5. estudiar en la universidad
6. jugar a tu deporte favorito
7. estar aquí en la clase
8. salir con tu novio(a)
9. estudiar aquí

5.27 **Hace veinte minutos**
Modelo: Hace veinte minutos que estudio los verbos.
(mirar la televisión)
Hace veinte minutos que miro la televisión.

Hace veinte minutos que estudio los verbos.
1. mirar la televisión
2. hablar por teléfono
3. esperar a tu amigo
4. tocar el piano
5. escuchar la radio
6. leer la novela
7. jugar al tenis
8. estar aquí
9. estudiar los verbos

5.28 **Preguntas**

1. ¿Cuánto tiempo hace que estudias español? **Hace ...**
2. ¿Cuánto tiempo hace que estudias en la universidad?
3. ¿Cuánto tiempo hace que estás aquí en esta clase?
4. ¿Cuánto tiempo hace que sabes manejar?

5. ¿Cuánto tiempo hace que conoces a tu profesor(a) de español?
6. ¿Cuánto tiempo hace que sales con tu novio(a)?
7. ¿Cuánto tiempo hace que juegas a tu deporte favorito?
8. ¿Cuánto tiempo hace que tocas un instrumento musical?

EMPHASIZING THAT AN ACTION IS IN PROGRESS: El presente del progresivo

5.29 **¿Qué están haciendo?**
      Modelo: Están estudiando.   (hablar)
                   Están hablando.

      Están estudiando.
      1. hablar
      2. tomar una siesta
      3. trabajar ahora
      4. aprender el vocabulario
      5. comer en la cafetería
      6. asistir a las clases
      7. esperar el autobús
      8. jugar al voleibol
      9. hacer ejercicios
      10. descansar
      11. leer el Panorama Cultural
      12. dormir
      13. comprar ropa nueva
      14. estudiar

5.30 **Todos los días y ahora**
      Modelo: Mi hermano nada todos los días.
                   Está nadando ahora.

      1. Mi hermano nada todos los días.
      2. Mi amigo juega al básquetbol todos los días.
      3. Mi amiga toca el piano todos los días.
      4. Yo corro todos los días.
      5. Yo hago ejercicios todos los días.
      6. Nosotros trabajamos todos los días.
      7. Nosotros llamamos a casa todos los días.
      8. Mis hermanos bailan todos los días.
      9. Mis hermanos asisten a las clases todos los días.

5.31 **En este momento**
      Indique lo que su amigo está haciendo según las referencias.
      Modelo: Tiene un cigarrillo.
                   Está fumando.

      1. Tiene un cigarillo.
      2. Tiene una radio.

3. Tiene un coche nuevo.
4. Tiene un básquetbol.
5. Tiene un bolígrafo.
6. Tiene sed.
7. Tiene hambre.
8. Está en la biblioteca.
9. Está en la oficina de la profesora.
10. Está en la playa.
11. Está en el gimnasio.
12. Está en su cuarto en la residencia.

MICROLOGUE

5.32 **La España actual**

Después de perder sus últimas posesiones en América y en Asia, España tiene una crisis de identidad. También hay muchos problemas económicos y políticos. El país sufre una violenta guerra civil dirigida por Francisco Franco. Franco es el dictador entre los años mil novecientos cuarenta y mil novecientos setenta y cinco. Durante este período muchos intelectuales y artistas salen del país.

Preguntas
1. ¿Qué tiene España después de perder sus últimas posesiones en América y en Asia?
2. ¿De qué tipo de problemas sufre el país?
3. ¿Por quién fue dirigida la guerra civil?
4. ¿Entre qué años es dictador Francisco Franco?
5. ¿Quiénes salen del país durante este período?

VOCABULARIO: En la ciudad

6.1   **¿Es usted artista?**
      Estudie el vocabulario

el **cuadro**	picture
el **rectángulo**	rectangle
la **línea**	line
dibuje	draw
enfrente de	in front of, facing

Vaya a la pizarra o use un papel. Siga las instrucciones.

1.   Dibuje un rectángulo grande. Dibuje una línea
     horizontal en medio del rectángulo.
2.   La línea es la avenida. En la avenida dibuje un
     almacén. Una mujer muy alta está saliendo del almacén;
     dibuje a la mujer.
3.   Ahora dibuje un restaurante. El restaurante se llama
     El Patio. Un hombre muy gordo está entrando en el
     restaurante; dibuje al hombre.
4.   Ahora dibuje el cine y escriba el nombre de una
     película.
5.   Ahora dibuje una iglesia o una catedral. Enfrente de
     la iglesia o catedral una mujer muy vieja espera el
     autobús; dibuje a la mujer.
6.   En la avenida dibuje un autobús y un taxi.
7.   Es un día muy bonito. Hace sol; dibuje el sol.
8.   Escriba el nombre del artista (su nombre) en el cuadro.

6.2   **Asociación**
      Indique una palabra que usted asocia con la referencia
      indicada.
      Modelo: la catedral
               la iglesia

1.	la catedral	10.	el bar
2.	el banco	11.	la sinagoga
3.	la zapatería	12.	el centro comercial
4.	la joyería	13.	el almacén
5.	el café	14.	el rascacielos
6.	la parada	15.	el metro
7.	el cine	16.	la avenida
8.	el quiosco	17.	la iglesia
9.	la estatua		

6.3   **Definiciones**
      Indique la palabra que corresponde a la definición.
      Modelo: Es un lugar donde hay muchos edificios.
               ciudad

1. Es un lugar donde hay muchos edificios.
2. Es un vehículo muy grande para muchas personas.
3. Es una tienda muy grande donde venden muchas cosas diferentes.
4. Es un lugar donde podemos ver los cuadros de artistas famosos.
5. Es un edificio muy, muy alto.
6. Es un lugar donde venden joyas.
7. Es una iglesia muy, muy grande.
8. Es un lugar donde podemos cenar, almorzar o desayunar.
9. Es lo que vemos cuando vamos al cine.
10. Es un lugar donde podemos tomar una cerveza o una copa de vino.
11. Es donde esperamos el autobús.
12. Es donde podemos comprar libros.
13. Es un lugar donde venden periódicos y revistas.
14. Es un lugar donde venden zapatos.
15. Es un lugar donde venden joyas.
16. Es un lugar en el parque donde podemos descansar.
17. Es un vehículo que no usa gasolina.
18. Es un medio de transporte subterráneo.

6.4 **Asociación**

Complete para indicar lo que usted asocia con las acciones siguientes.

Modelo: Entro en ...

Entro en el almacén, etc.

1.	Entro en ...	7.	Abro ...
2.	Espero ...	8.	Cierro ...
3.	Invito a ...	9.	Empiezo a ...
4.	Visito ...	10.	Paso mucho tiempo en ...
5.	Vuelvo ...	11.	Pienso en ...
6.	Devuelvo ...	12.	Entro en ...

CONVERSACIÓN

6.5 **Me gustó la ciudad**

Unos amigos conversan en la terraza de un café. Hablan de sus experiencias.

-- Angélica, ¿qué tal París? /
-- ¡Maravilloso! / Los paseos, las pequeñas plazas, las tiendas... / ¡todo me gustó! /
-- Pero, Angélica, / aquí tenemos plazas, paseos, tiendas./ ¿Cuál es la diferencia? /
-- Bueno, París es París. / Tiene un encanto especial. /
-- Y Barcelona es Barcelona. / Los parques, el Museo de Picasso, la catedral / ...todos tienen un encanto especial. /
-- Para mí, todas las ciudades / tienen su propia personalidad. /

-- Oye, Angélica, / en París, ¿comiste en algún restaurante típico? /

-- Sí, comí en muchos. / Me encantó la comida. /

6.6 **Preguntas**

1. ¿A Angélica le gustó París?
2. ¿Qué le gustó de París?
3. Según el amigo de Angélica, ¿tiene Barcelona attraciones especiales también?
4. ¿Qué atracciones tiene?
5. ¿Comió Angélica en algún restaurante típico?
6. ¿Le gustó la comida francesa?

6.7 **Expansión**
Modelo: ¡Me gustó el museo!   (la catedral)
¡Me gustó la catedral!

1. ¡Me gustó el museo!
    la catedral   la plaza
    el teatro   la estatua
    el restaurante   el museo

2. ¡Me gustaron las tiendas!
    los cafés   las iglesias
    las películas   los parques
    los almacenes   las tiendas

3. Las calles tienen un encanto especial.
    las avenidas   los cafés
    las tiendas pequeñas los museos
    los parques   las calles

4. Me encantó la comida.
    el restaurante   el parque
    la gente   la ciudad
    el museo   la comida

INDICATING AN IMPERSONAL OR ANONYMOUS ACTION: El **se** impersonal y el **se** pasivo

6.8 **¿Dónde se vende?**
Haga las preguntas.
Modelo: ¿Dónde, se venden pasteles?   (pan)
¿Dónde se vende pan?

¿Dónde se venden pasteles?
1. pan
2. torta
3. helado
4. pizza

5. pollo frito
6. hamburguesas
7. refrescos
8. cerveza
9. fruta
10. revistas
11. zapatos de tenis
12. joyas
13. suéteres
14. pasteles

6.9 **¿Dónde se vende?**
Conteste las preguntas.
Modelo: ¿Dónde se venden pasteles?
Se venden en la pastelería.

1. ¿Dónde se venden pasteles?
2. ¿Dónde se venden tortas?
3. ¿Dónde se vende helado?
4. ¿Dónde se vende pizza?
5. ¿Dónde se vende pollo frito?
6. ¿Dónde se venden hamburguesas?
7. ¿Dónde se venden refrescos?
8. ¿Dónde se vende cerveza?
9. ¿Dónde se vende fruta?
10. ¿Dónde se venden revistas?
11. ¿Dónde se venden zapatos de tenis?
12. ¿Dónde se venden suéteres?

6.10 **¿A qué hora se cierra?**
Haga las preguntas.
Modelo: ¿A qué hora se cierra el banco?   (las tiendas)
¿A qué hora se cierran las tiendas?

¿A qué hora se cierra el banco?
1. las tiendas
2. el almacén
3. el restaurante
4. las tiendas
5. la farmacia
6. la biblioteca
7. la cafetería
8. las oficinas
9. la joyería
10. el museo
11. las discotecas
12. los bancos
13. el banco

6.11 **Preguntas**

1. ¿Qué lengua se habla en España? ¿y en el Brasil? ¿y en Inglaterra? ¿en Rusia? ¿en China? ¿en Alemania? ¿en Francia? ¿en el Japón?
2. Aquí en la universidad, ¿dónde se puede estudiar?
3. ¿Qué no se debe hacer en la biblioteca?
4. ¿Se puede estudiar en la residencia de estudiantes?

5. ¿Se puede dormir bien en la residencia de estudiantes?
6. ¿Qué cosas se venden en la librería universitaria?
7. ¿Se come bien en la cafetería?
8. ¿Se permite fumar en la cafetería? ¿en la biblioteca?
   ¿en las clases?

TALKING ABOUT ACTIONS IN THE PAST: El pretérito

6.12 **En el centro**
Modelo: Entré en la zapatería.   (ella)
             Entró en la zapatería.

1. Entré en la zapatería.
   (ella)   (vosotros)
   (tú)   (ellos)
   (usted)   (yo)
   (nosotros)

2. Ella compró zapatos de tenis.
   (yo)   (él)
   (nosotros)   (tú)
   (ellas)   (ella)
   (vosotros)

3. Yo comí en un restaurante.
   (tú)   (vosotros)
   (él)   (ellas)
   (usted)   (yo)
   (nosotros)

4. Ella volvió a las tres.
   (yo)   (él)
   (nosotros)   (tú)
   (ellas)   (ella)
   (vosotros)

5. Yo fui a la discoteca.
   (ella)   (ustedes)
   (tú)   (ellos)
   (nosotros)   (yo)
   (vosotros)

6.13 **¿En qué actividades participaron los estudiantes?**
Modelo: Ayer yo trabajé.   (estudiar)
             Estudié.

1. Ayer yo trabajé.
   estudiar   mirar la televisión
   asistir a las clases   descansar
   ir a la biblioteca   trabajar
   ver a mis amigos

2. La semana pasada, ¿llamaste a tus padres?
   visitar a tu abuela   jugar al voleibol
   salir con tus amigos   caminar por el parque
   ir al centro   llamar a tus padres
   devolver los vídeos

3. Anoche Linda leyó un libro.
   escuchar la radio   hablar con sus amigos
   comer una pizza   volver a la residencia
   beber una Coca-Cola   leer un libro
   ir al centro estudiantil

4. Anteayer nosotros limpiamos el cuarto.
   ir al supermercado   llamar a nuestros amigos
   comprar mucha comida   comer toda la comida
   preparar una cena grande   limpiar el cuarto
   pedir una torta especial

5. El fin de semana pasado mis amigos fueron a la ciudad.
   visitar la catedral   asistir a un concierto
   encontrar un museo grande   tomar una bebida en el bar
   usar el metro   ir a la ciudad
   ver una película

6. Anoche, ¿vosotros aprendisteis el vocabulario?
   escribir los ejercicios   ir a la biblioteca
   leer el Panorama Cultural   encontrar los libros
   usar la computadora   aprender el vocabulario

6.14 **La semana pasada**
     Modelo: ¿Llamaste a tu familia?
                  Sí, llamé a mi familia. (o)
                  No, no llamé a mi familia.

     1. ¿Llamaste a tu familia?
     2. ¿Limpiaste tu cuarto?
     3. ¿Fuiste al centro?
     4. ¿Comiste en un restaurante?
     5. ¿Viste una película?
     6. ¿Asististe a un concierto?
     7. ¿Trabajaste mucho?
     8. ¿Estudiaste mucho?
     9. ¿Leiste una novela?
     10. ¿Tomaste un examen?
     11. ¿Usaste una computadora?
     12. ¿Jugaste al básquetbol?
     13. ¿Volviste a casa?

6.15 **¿Qué está haciendo Diego?**
     Modelo: ¿Diego está bailando con María?
                  No, ya (already) **bailó con María.**

1. ¿Diego está bailando con María?
2. ¿Diego está comiendo?
3. ¿Diego está descansando?
4. ¿Diego está estudiando?
5. ¿Está tocando el piano?
6. ¿Está escuchando la música?
7. ¿Está hablando con la profesora?
8. ¿Está escribiendo el examen?
9. ¿Está saliendo?

6.16 **Tú y tus amigos**
Modelo: ¿Comieron en la cafetería anoche?
Sí, comimos en la cafetería. (o)
No, no comimos en la cafetería.

1. ¿Comieron en la cafetería anoche?
2. ¿Salieron anoche?
3. ¿Fueron a una discoteca?
4. ¿Bailaron?
5. ¿Fueron a un bar?
6. ¿Bebieron mucho?
7. ¿Caminaron por el centro de la ciudad?
8. ¿Vieron a mucha gente?
9. ¿Fueron al cine?
10. ¿Vieron una película buena?
11. ¿Compraron palomitos (popcorn) en el cine?
12. ¿Volvieron a la universidad temprano?
13. ¿Tomaron un taxi?

MICROLOGUE

6.17 **La plaza, corazón de la ciudad**

La plaza es el corazón de la ciudad hispana. Es un lugar
donde hay tiendas, bares, cafés, la catedral y edificios
públicos. Es un lugar de reunión y un centro de la vida
social hispana. Cuando los hispanos no están en el trabajo
o en casa, probablemente están en algún lugar público en la
plaza.

Preguntas
1. ¿Qué es el corazón de la ciudad hispana?
2. ¿Qué hay en la plaza?
3. ¿Es el parque o la plaza un centro de la vida social
   hispana?
4. Cuando los hispanos no están en casa o en el trabajo,
   ¿dónde están probablemente?

EXPRESSING ADDITIONAL ACTIONS IN THE PAST: Verbos con cambios en la raíz en el pretérito

6.18 **¿Qué pasó?**
Ocurrió un accidente terrible.
Modelo: Pedimos información.   (ellos)
Pidieron información.

1. Pedimos información.
(ellos)   (el policía)
(yo)   (nosotros)
(tú)

2. Mi padre repitió las instrucciones del policía.
(yo)   (vosotros)
(mis hermanos)   (mi padre)
(tú)

3. Preferí no hablar con las víctimas.
(nosotros)   (tú)
(mi padre)   (yo)
(mis hermanos)

4. ¡Gracias a Dios! Las personas no murieron.
(las víctimas)   (el bebé)
(los niños)   (las personas)
(la abuela)

5. No dormimos bien esa noche.
(yo)   (mis hermanos)
(mis padres)   (nosotros)
(tú)

6.19 **¿Y tu compañero(a)?**
Modelo: Yo dormí bien anoche.
Mi compañero(a) durmió bien también.

1. Yo dormí bien anoche.
2. Yo pedí bistec en el restaurante.
3. Yo pedí más ensalada.
4. Yo pedí postre.
5. Yo preferí mirar la tele.
6. Yo preferí ver una película.
7. Yo preferí ver una película romántica.
8. Yo dormí en la residencia.
9. Yo dormí toda la noche.
10. Yo dormí bien anoche.

6.20 **Preguntas**

1. ¿Qué pediste en la librería?
2. ¿Qué pediste en la joyería?

3. ¿Qué pediste en la panadería?
4. ¿Qué pediste en el banco?
5. ¿Qué pediste en el café?
6. ¿Qué pediste en la heladería?
7. ¿Qué pediste en la zapatería?
8. ¿Cuántas horas dormiste anoche?
9. ¿Dormiste bien?

VOCABULARIO: El dinero y el banco

6.21 **Mi dinero**
      Modelo: Conté el dinero.   (ganar)
             Gané el dinero.

      Conté el dinero.
      1. ganar   5. ahorrar
      2. gastar   6. cambiar
      3. depositar   7. recibir
      4. sacar   8. contar

6.22 **Definiciones**
      Indique la palabra que corresponde a la definición.
      Modelo: Lo que firmamos y cobramos
             el cheque

      1. Lo que firmamos y cobramos
      2. Lo que usamos para hacer las matemáticas rápidamente
      3. Lo que usamos para escribir rápidamente
      4. Lo que usamos cuando vamos de compras sin efectivo
      5. Lo que usamos cuando vamos de compras sin cheques y sin
         tarjeta de crédito
      6. Lo que recibimos cuando pagamos un dólar y el artículo
         cuesta cincuenta centavos
      7. Los cheques que usamos cuando vamos de vacaciones
      8. Lo que pagamos cada mes a las compañías de teléfono,
         gas, electricidad, etc.
      9. Lo contrario de ganar
     10. Lo contrario de sacar dinero del banco
     11. Lo contrario de ahorrar dinero
     12. Lo contrario de depositar dinero
     13. Lo contrario de gastar dinero
     14. Lo contrario de dar dinero
     15. Lo contrario de encontrar
     16. Lo contrario de terminar
     17. Lo contrario de perder
     18. Lo contrario de empezar

6.23 **Preguntas**

      1. ¿Ahorras mucho dinero?
      2. ¿Ganas mucho dinero? (¿Cuánto por semana?)

3. ¿Gastas mucho dinero? (¿En qué?)
4. ¿Tienes una tarjeta de crédito?
5. ¿Tienes un libro o una libreta de cheques?
6. ¿Qué banco usas?
7. ¿Usas una calculadora para hacer las matemáticas?
8. ¿Tienes una computadora?
9. ¿Sabes escribir a máquina?
10. ¿Prefieres usar una máquina de escribir o una computadora?

MICROLOGUE

6.24 **Los medios de transporte**

El transporte público es muy importante en la vida diaria hispana. El transporte público se usa más que el propio coche. Es más fácil porque el aparcamiento es un problema en las ciudades grandes. Los autobuses y microbuses y los taxis se ven por todas partes. También las ciudades grandes tienen el metro que es muy eficiente y económico.

Preguntas
1. ¿Qué es muy importante en la vida diaria hispana?
2. ¿Qué se usa más que el propio coche?
3. ¿Qué es un problema en las ciudades grandes?
4. ¿Qué transporte público se ve por todas partes?
5. ¿Qué tienen las ciudades grandes?
6. ¿Cómo es el metro?

AVOIDING REPETITION WHEN REFERRING TO PERSONS AND THINGS:
Pronombres de complemento directo

6.25 **Manolo va a tener una fiesta**
Modelo: Yo quiero ir.
Monolo me invita.

1. Yo quiero ir.
2. Paco quiere ir.
3. Nosotros queremos ir.
4. Tú quieres ir.
5. Cecilia quiere ir.
6. Vosotros queréis ir.
7. La profesora y su esposo quieren ir.
8. Juanita y Mario quieren ir.
9. Eduardo quiere ir.
10. Ustedes quieren ir.
11. Yo quiero ir.

6.26 **¿Lo hiciste? (Did you do it?)**
Modelo: ¿Terminaste el examen?
Sí, lo terminé. (o) **No, no lo terminé.**

1. ¿Terminaste el examen?
2. ¿Empezaste la tarea?
3. ¿Escribiste los ejercicios?
4. ¿Contestaste las preguntas?
5. ¿Devolviste los libros?
6. ¿Leiste la lección?
7. ¿Perdiste la tarjeta de crédito?
8. ¿Depositaste el dinero?
9. ¿Gastaste el dinero?
10. ¿Cobraste el cheque?
11. ¿Firmaste los cheques de viajero?

6.27 **¿Vas a hacerlo?**
Modelo: ¿Vas a depositar el dinero?
Sí, voy a depositarlo. (o)
No, no voy a depositarlo.

1. ¿Vas a depositar el dinero?
2. ¿Vas a empezar la tarea?
3. ¿Vas a leer el Panorama Cultural?
4. ¿Vas a contestar las preguntas?
5. ¿Vas a escribir los ejercicios?
6. ¿Vas a devolver los libros?
7. ¿Vas a cobrar el cheque?
8. ¿Vas a pagar la cuenta?
9. ¿Vas a contar el dinero?
10. ¿Vas a usar la computadora?
11. ¿Vas a depositar el dinero?

6.28 **¿Qué estás haciendo?**
Modelo: ¿Estás escribiendo los ejercicios?
Sí, estoy escribiéndolos. (o)
No, no estoy escribiéndolos.

1. ¿Estás escribiendo los ejercicios?
2. ¿Estás usando la computadora?
3. ¿Estás traduciendo el Panorama Cultural?
4. ¿Estás escribiendo la composición?
5. ¿Estás contestando las preguntas?
6. ¿Estás leyendo el periódico?
7. ¿Estás preparando la comida?
8. ¿Estás buscando la pimienta?
9. ¿Estás comiendo las galletas?
10. ¿Estás escribiendo los ejercicios?

6.29 **Preguntas**

1. ¿Conoces al presidente (a la presidente) de la universidad? ¿Quieres conocerlo(la)?
2. ¿Conoces a todos los estudiantes de la clase de español? ¿Quieres conocerlos a todos?

Capítulo Seis 64

3. ¿Conoces bien a todos tus profesores? ¿Quieres conocerlos bien?
4. ¿Conoces bien a Michael Jordan? ¿Quieres conocerlo?
5. ¿Conoces a Barbara Bush? ¿Quieres conocerla?

REFERRING TO INDEFINITE AND NON-EXISTENT PERSONS AND THINGS:
Palabras afirmativas y negativas

6.30 **Nadie**
Modelo: ¿Alguien entró en el banco?
No, nadie entró.

1. ¿Alguien entró en el banco?
2. ¿Alguien entró en el museo?
3. ¿Alguien salió de la catedral?
4. ¿Alguien usó el metro?
5. ¿Alguien comió en ese restaurante?
6. ¿Alguien pasó por la plaza?
7. ¿Alguien fue a la discoteca?
8. ¿Alguien volvió a la residencia temprano?

6.31 **Nada**
Modelo: ¿Compraste algo en la zapatería?
No, no compré nada.

1. ¿Compraste algo en la zapatería?
2. ¿Compraste algo en la joyería?
3. ¿Tomaste algo en el bar?
4. ¿Comiste algo en la pastelería?
5. ¿Oiste algo en la calle?
6. ¿Viste algo interesante?
7. ¿Cobraste algo en la tarjeta de crédito?
8. ¿Perdiste algo en el centro?

6.32 **Preguntas**

1. ¿Besaste a alguien anoche? (¿A quién?)
2. ¿Abrazaste a alguien ayer? (¿A quién?)
3. ¿Estudiaste con alguien anoche? (¿Con quién?)
4. ¿Hablaste con alguien en la biblioteca? (¿Con quién?)
5. ¿Aprendiste algo en la clase de español ayer? (¿Qué?)
6. ¿Comiste algo diferente en la cafetería ayer? (¿Qué?)
7. ¿Viste algo interesante en la televisión anoche? (¿Qué?)
8. ¿Compraste algo en el centro estudiantil? (¿Qué?)
9. ¿Llamaste a alguien anoche? (¿A quién?)

MICROLOGUE

6.33 **Las artes en España**

Con la muerte de Franco y al eliminarse la censura, muchos
artistas exiliados volvieron a España. Estos artistas
forman una nueva "ola" de expresión artística. En todas
las comunidades se ven manifestaciones artísticas: por
ejemplo, bailes folklóricos, música "rock," arte clásico y
moderno, dramas y películas.

Preguntas
1. Con la muerte de Franco y al eliminarse la censura,
    ¿quiénes volvieron a España?
2. ¿Qué forman estos artistas?
3. ¿Cuáles son algunos ejemplos de las manifestaciones
    artísticas que se ven?

Capítulo Siete

VOCABULARIO: El campo y la naturaleza

7.1 **Nombre ... (Name ...)**
    Modelo: un insecto
            el mosquito

1. un insecto
2. otro insecto
3. un animal doméstico ¿y otro?
4. un animal que frecuentemente está en el cielo
5. un animal que produce leche
6. un animal que corre rápidamente
7. un animal que come maíz
8. un animal gordo
9. un animal que nada en ríos
10. un reptil largo que vive en la selva
11. una planta muy grande y alta
12. una zona donde hay muchos árboles
13. el objeto muy brillante en el cielo (de día)
14. muchas nubes negras, relámpagos, y lluvia
15. vemos muchas en el cielo de noche
16. una pequeña ciudad rural
17. una casa muy sencilla en el campo
18. un desierto famoso
19. un valle famoso
20. una isla famosa
21. una montaña famosa
22. un río famoso
23. un mar famoso
24. un lago famoso

7.2 **Asociación**
    Indique una palabra que corresponde a la referencia
    indicada.
    Modelo: el bosque
            el árbol

1. el bosque
2. la arena
3. el barco
4. la granja
5. la tienda de campaña o carpa
6. el fuego
7. el saco de dormir
8. la mochila
9. la ola
10. el cielo
11. la tierra
12. la colina
13. la tormenta
14. la luna
15. el pueblo
16. la vaca
17. el cerdo
18. la gallina
19. la hierba
20. pescar
21. acampar
22. montar
23. subir

7.3 **Preguntas**

1. ¿Te gusta pescar? (¿Dónde?)
2. ¿Te gusta acampar? (¿Dónde?) (¿Con quién?)
3. ¿Te gusta montar a caballo?
4. ¿Te gusta viajar?
5. ¿Adónde quieres hacer un viaje?
6. ¿Prefieres ir a las montañas o al mar?
7. ¿Prefieres nadar en un lago o en el mar?
8. ¿Prefieres vivir en la ciudad o en el campo?
9. ¿Prefieres vivir en la ciudad o en un pueblo?
10. ¿Viven tus padres o tus abuelos en una granja?
11. ¿Tienes miedo de los relámpagos?
12. ¿Tienes miedo de las serpientes? ¿de las arañas?
13. ¿Prefieres visitar la selva o el desierto?
14. ¿Cuál prefieres tener? ¿un gato o un perro?
15. ¿Tienes ganas de vivir en una isla tropical?
16. ¿Tienen tus padres un barco? ¿Es grande o pequeño?

CONVERSACIÓN

7.4 **Una aventura acampando**
Fernando y Paco conversan una noche a las orillas de un lago.

-- ¿Estuviste acampando / en estas montañas / el verano pasado? /
-- Sí, y precisamente fue una aventura. / Unos amigos y yo / acampamos cerca de un río. / Primero pusimos la tienda de campaña. / Después hicimos un fuego / para cocinar y calentarnos. /
-- ¿Qué cocinaron?
-- Algo muy fácil. / Calentamos latas de chili. /
-- Bueno...y...¿qué pasó? /
-- Pues, oímos un ruido; / la tierra se movió / y apareció un animal extraño. /
-- ¿Y qué pasó después? /
-- Nada. / Nos quedamos parados de miedo. / El animal se comió el chili / porque no tuvimos valor para pararlo. /

7.5 **Preguntas**

1. ¿Cuándo acampó Paco en las montañas?
2. ¿Dónde acamparon él y sus amigos?
3. ¿Qué hicieron para cocinar y calentarse?
4. ¿Qué cocinaron?
5. ¿Qué oyeron?
6. ¿Qué apareció?
7. ¿Tuvieron miedo?
8. ¿Qué comió el animal?

7.6 **Expansión**
Modelo: Acampamos cerca de un río.   (un lago)
Acampamos cerca de un lago.

1. Acampamos cerca de un río.
    un lago   la selva
    un bosque   un pueblo
    las montañas   un río

2. Tuvimos que poner la tienda de campaña.
    hacer un fuego   calentar las latas de chili
    cocinar   poner la tienda de campaña
    calentarnos

3. Apareció un animal extraño.
    una vaca   una serpiente
    un caballo   un animal extraño
    un cerdo

4. El animal se comió el chili.
    las galletas   el pan
    el pescado   el chili
    las manzanas

EXPRESSING ADDITIONAL ACTIONS IN THE PAST: Otros verbos
irregulares en el pretérito

7.7 **Un viaje a la selva**
Modelo: Mi tío vino a la casa temprano por la mañana.
Mis hermanos...
**Mis hermanos vinieron a la casa temprano por la
mañana.**

1. Mi tío vino a la casa temprano por la mañana.
    mis primos...   nosotros...
    mi tía...   mi tío...
    tú...

2. Mi tío hizo el viaje.
    mis hermanos...   tú...
    nosotros...   mi tío...
    yo...

3. Mi padre trajo la comida.
    mis hermanos...   tú...
    nosotros...   mi padre...
    yo...

4. Mi tío condujo el JEEP.
    mis hermanos...   tú...
    nosotros...   mi tío...
    yo...

5. Mi tía anduvo por la selva.
    mis hermanos...   tú...
    nosotros...   mi tía...
    yo...

6. Mi padre puso la carpa.
    mis hermanos...   tú...
    nosotros...   mi padre...
    yo...

7. Mi madre quiso nadar en el río.
    mis hermanos...   tú...
    nosotros...   mi madre...
    yo...

8. Mi tío pudo hacer un fuego.
    mis hermanos...   tú...
    nosotros   mi tío...
    yo...

9. Mi padre estuvo allí ocho días.
    mis hermanos...   tú...
    nosotros...   mi padre...
    yo...

10. Mi madre tuvo una experiencia fantástica.
    mis hermanos...   tú...
    nosotros...   mi madre...
    yo...

7.8 **Vinieron de California**
Modelo: Mi tía vino de California.
             (hacer el viaje en seis días)
             Hizo el viaje en seis días.

1. Mi tía vino de California.
    hacer el viaje en seis días
    venir en autobús
    traer muchos regalos
    estar aquí dos semanas
    tener que salir el sábado
    venir de California

Modelo: Mis tíos vinieron de California.
             (hacer el viaje en seis días)
             Hicieron el viaje en seis días.

2. Mis tíos vinieron de California.
   ...(repita)

Modelo: Yo vine de California.
(hacer el viaje en seis días)
Hice el viaje en seis días.

3. Yo vine de California.
   ...(repita)

Modelo: Nosotros vinimos de California.
(hacer el viaje en seis días)
Hicimos el viaje en seis días.

4. Nosotros vinimos de California.
   ...(repita)

7.9 **Preguntas**

1. ¿Qué cosas trajiste a la clase hoy?
2. ¿Dónde pusiste las cosas?
3. ¿Estuviste en la biblioteca anoche?
4. ¿Pudiste aprender los verbos nuevos?
5. ¿Tradujiste el Panorama Cultural?
6. ¿Hiciste la tarea?
7. ¿Qué más tuviste que hacer?
8. ¿Adónde fuiste el fin de semana pasado?
9. ¿Qué otras cosas hiciste este fin de semana pasado?

7.10 **Varias posibilidades**
Modelo: (Nombre de estudiante) no vino a la clase ayer.
¿Dónde estuvo?
(respuesta posible) **Estuvo en casa.**

1. (Nombre de estudiante) no vino a la clase ayer. ¿Dónde estuvo?
2. (Nombre de estudiante) no pudo venir a la fiesta anoche. ¿Qué tuvo que hacer?
3. (Nombre de estudiante) trajo muchas cosas a la fiesta. ¿Qué trajo?
4. (Nombre de estudiante) no quiso estudiar anoche. ¿Qué hizo?
5. (Nombre de estudiante) no pudo comer anoche. ¿Por qué no pudo?

7.11 **¿Qué hiciste?**
(El/la asistente escribe las preguntas en la pizarra. Anden por la clase y háganles las preguntas a tres personas diferentes.)

1. ¿Qué hiciste anoche?
2. ¿Qué hiciste el fin de semana pasado?

3. ¿Qué hiciste el verano pasado?

(Después, el/la asistente les pregunta a varios estudiantes:)

1. ¿Qué hizo (nombre de estudiante) anoche?
Estudiante responde: (Nombre de estudiante)...**anoche**, etc.

INDICATING AN ACTION THAT TOOK PLACE SOME TIME AGO: **Hacer** para expresar ago

7.12 **Hace un año**
      Modelo: ¿Cuándo llegaste?
                    Llegué hace un año.

1. ¿Cuándo llegaste?
2. ¿Cuándo acampaste en las montañas?
3. ¿Cuándo pescaste en el río?
4. ¿Cuándo subiste la montaña?
5. ¿Cuándo montaste a caballo?
6. ¿Cuándo tomaste el sol en la playa?
7. ¿Cuándo nadaste en el océano?
8. ¿Cuándo hiciste el viaje?
9. ¿Cuándo llegaste?

7.13 **En tu vida personal**
      Modelo: ¿Cuándo llamaste a casa?
                    Llamé a casa hace dos días, etc.

1. ¿Cuándo llamaste a casa?
2. ¿Cuándo fuiste de compras?
3. ¿Cuándo fuiste a una fiesta?
4. ¿Cuándo comiste en un restaurante?
5. ¿Cuándo pediste una pizza?
6. ¿Cuándo limpiaste tu cuarto?
7. ¿Cuándo hiciste un viaje?
8. ¿Cuándo nadaste en el océano?
9. ¿Cuándo llegaste a la universidad?

MICROLOGUE

7.14 **Ir de vacaciones**

El verano en el mundo hispano se identifica con las vacaciones. Los hispanos normalmente tienen un mes de vacaciones. Es común pasar el mes de vacaciones lejos de su lugar de residencia. Muchos hispanos alquilan un apartamento en las playas o en las montañas.

Preguntas
1. ¿Qué se identifica con el verano en el mundo hispano?

2. ¿Cuánto tiempo de vacaciones tienen los hispanos normalmente?
3. ¿Dónde es común pasar el mes de vacaciones?
4. ¿Dónde alquilan un apartamento?

INDICATING TO WHOM SOMETHING IS DONE: Pronombres de complemento indirecto

7.15 **¿A quién les dio regalos la tía Sonia?**
      Modelo: Es mi cumpleaños.
               La tía Sonia me dio un regalo.

1. Es mi cumpleaños. **La tía Sonia ...**
2. Es el cumpleaños de Elena.
3. Es el cumpleaños de mi padre.
4. Es el cumpleaños de mis hermanos.
5. Es tu cumpleaños.
6. Es nuestro cumpleaños.
7. Es el cumpleaños de mi madre.

7.16 **¿Qué hiciste con la mochila?**
      Modelo: Le di la mochila a Juan.   (prestar)
               Le presté la mochila a Juan.

1. Le di la mochila a Juan.
   prestar   devolver
   mostrar   regalar
   mandar   dar
   traer

2. Les mandé la mochila a mis hermanos.
   prestar   regalar
   mostrar   dar
   traer   mandar
   devolver

7.17 **¿Qué hiciste?**
      Modelo: ¿Me dijiste la verdad?
               Sí, te dije la verdad.

1. ¿Me dijiste la verdad?
2. ¿Me contestaste?
3. ¿Me hablaste?
4. ¿Me pagaste?
5. ¿Me escribiste?
6. ¿Me pediste dinero?
7. ¿Me dijiste la verdad?

      Modelo: ¿Le dijiste la verdad a tu padre?
               Sí, le dije la verdad.

8. ¿Le dijiste la verdad a tu padre?
9. ¿Le contestaste?
10. ¿Le hablaste?
11. ¿Le pagaste?
12. ¿Le escribiste?
13. ¿Le pediste dinero?
14. ¿Le dijiste la verdad?

EXPRESSING ADDITIONAL LIKES, DISLIKES, AND INTERESTS: Verbos similares a **gustar**

7.18 **Las cosas que nos encantan y que nos molestan**
Modelo: Me encanta esquiar.   (a mi padre)
A mi padre le encanta esquiar.

Me encanta esquiar.
1. a mi padre
2. a mis padres
3. a mi madre
4. a nosotros
5. a mis amigos
6. a mí

Modelo: Me molestan los insectos.   (a mi padre)
A mi padre le molestan los insectos.

Me molestan los insectos.
7. a mi padre
8. a mis padres
9. a mi madre
10. a nosotros
11. a mis amigos
12. a mí

7.19 **Cosas que nos fascinan**
Modelo: Nos fascinan las montañas.   (el mar)
Nos fascina el mar.

Nos fascinan las montañas.
1. el mar
2. las tormentas
3. los relámpagos
4. el desierto
5. la selva
6. el océano
7. la ciudad
8. las novelas de ciencia ficción
9. las serpientes
10. las arañas
11. la idea de explorar el océano
12. las montañas

7.20 **Cosas que me encantan**
Modelo: Me encanta nadar.   (esquiar)
Me encanta esquiar.

Me encanta nadar.
1. esquiar
2. montar a caballo
3. subir montañas
4. caminar por el bosque
5. contemplar la naturaleza
6. acampar en las montañas
7. la ciudad de Chicago
8. las playas tropicales
9. los gatos
10. los perros
11. la vida en el campo
12. nadar

7.21 **¿Te importa o no?**
   Modelo: ¿Te importa ser rico?
   Sí, me importa ser rico. (o)
   No, no me importa ser rico.

   1. ¿Te importa ser rico?
   2. ¿Te importa ser famoso?
   3. ¿Te importa el dinero?
   4. ¿Te importa viajar?
   5. ¿Te importa la religión?
   6. ¿Te importa una buena educación?
   7. ¿Te importa ser madre (padre)?
   8. ¿Te importa la vida familiar?
   9. ¿Te importa explorar el espacio?

7.22 **En general, ¿les interesa a los estudiantes o no?**
   Modelo: ¿Les interesan las clases?
   Sí, les interesan las clases. (o)
   No, no les interesan las clases.

   1. ¿Les interesan las clases?
   2. ¿Les interesan las fiestas?
   3. ¿Les interesa la vida social?
   4. ¿Les interesan las ciencias?
   5. ¿Les interesa aprender otra lengua?
   6. ¿Les interesa conocer otros países?
   7. ¿Les interesan las matemáticas?
   8. ¿Les interesan las computadoras?
   9. ¿Les interesa visitar los museos?
   10. ¿Les interesan los deportes?

7.23 **Preguntas**

   1. ¿Qué te encanta hacer en la universidad?
   2. ¿Qué clase o clases te interesan más?
   3. ¿Qué aspecto de la vida académica te molesta más?
   4. ¿Qué aspecto de la vida en las residencias te molesta más?
   5. ¿Te fascina más la idea de explorar el espacio o los océanos?
   6. ¿Qué te importa más en la vida en general?
   7. ¿Qué te encanta hacer cuando estás de vacaciones? ¿y cuando estás en casa?
   8. ¿Qué aspecto de aprender español te molesta más? ¿y te fascina más?

ANSWERING THE QUESTIONS OF <u>WHAT?</u> AND <u>TO WHOM?</u> WITHOUT BEING
REPETITIVE: Los pronombres de complemento directo e indirecto

7.24   **Yo necesito ...**
    Modelo: Necesito la mantequilla.
             ¿Me la pasas, por favor?
             Necesito el pan.
             ¿Me lo pasas, por favor?

1.	Necesito la mantequilla.	7.	Necesito las galletas.
2.	Necesito el pan.	8.	Necesito el postre.
3.	Necesito el jamón.	9.	Necesito la torta.
4.	Necesito las patatas.	10.	Necesito los pasteles.
5.	Necesito la sal.	11.	Necesito el helado.
6.	Necesito los guisantes.	12.	Necesito la crema.

7.25   **¿Me lo prestas?**
    Modelo: ¿Me prestas tu coche?
             Sí, te lo presto.

1.   ¿Me prestas tu coche?
2.   ¿Me prestas tu calculadora?
3.   ¿Me prestas tu bolígrafo?
4.   ¿Me prestas tus libros?
5.   ¿Me prestas tu paraguas?
6.   ¿Me prestas tu impermeable?
7.   ¿Me prestas tu chaqueta?
8.   ¿Me prestas el dinero?
9.   ¿Me prestas veinte dólares?

7.26   **¿Devolviste los artículos?**
    Modelo: ¿Le devolviste el coche a tu amigo?
             Sí, se lo devolví.

1.   ¿Le devolviste el coche a tu amigo?
2.   ¿Le devolviste la calculadora?
3.   ¿Le devolviste el bolígrafo?
4.   ¿Le devolviste los libros?
5.   ¿Le devolviste el paraguas?
6.   ¿Le devolviste el impermeable?
7.   ¿Le devolviste la chaqueta?
8.   ¿Le devolviste el dinero?
9.   ¿Le devolviste los veinte dólares?
10.   ¿Le devolviste el coche a tu amigo?

7.27   **Tu pobre hermano ... no quieres darle nada**
    Modelo: ¿Vas a darle el regalo?
             No voy a dárselo.

1.   ¿Vas a darle el regalo?
2.   ¿Vas a darle el dinero?

3. ¿Vas a darle los cheques?
4. ¿Vas a darle el cambio?
5. ¿Vas a darle la calculadora?
6. ¿Vas a darle la mochila?
7. ¿Vas a darle el saco de dormir?
8. ¿Vas a darle el regalo?

7.28 **Preguntas**

1. Necesito dinero. ¿Puedes prestarme $50?
2. Hoy es mi cumpleaños. ¿Vas a comprarme un regalo?
3. Me gusta tu suéter. ¿Puedes prestármelo?
4. Me gusta tu reloj. ¿Me lo muestras?
5. Me encanta tu mochila (gorra, etc.) ¿Me la regalas?
6. Tu compañero(a) de cuarto necesita usar tu coche. ¿Vas a prestárselo?
7. Tu compañero(a) de cuarto necesita usar tus cassettes. ¿Quieres dárselos?
8. Tu tienes mi calculadora. ¿Cuándo vas a devolvérmela?
9. Tu tienes mi paraguas. ¿Cuándo vas a devolvérmelo?
10. ¿Tienes una foto de tu novio(a)? ¿Me la muestras?
11. ¿Tienes un bolígrafo? ¿Me lo prestas?

DESCRIBING HOW ACTIONS TAKE PLACE: Los adverbios

7.29 **El estudiante ideal**
Modelo: Hace la tarea inmediatamente.   (fácil)
         Hace la tarea fácilmente.

1. Hace la tarea inmediatamente.
   fácil   diligente
   rápido   inmediato

2. Aprende los verbos fácilmente.
   rápido   inmediato
   perfecto   fácil

3. Habla español espontáneamente.
   frecuente   natural
   fácil   espontáneo

4. Contesta las preguntas inmediatamente.
   lógico   diligente
   fácil   inmediato

5. Lee el Panorama Cultural fácilmente.
   frecuente   rápido
   claro   fácil

7.30 **Preguntas**

1. ¿Manejas rápidamente o lentamente?
2. ¿Hablas español rápidamente o lentamente?
3. Probablemente, ¿qué nota vas a recibir en tu clase de español?
4. Posiblemente, ¿vas a recibir una "A"?
5. Generalmente, ¿recibes buenas notas?
6. ¿Aprendes los verbos fácilmente?
7. ¿Estudias constantemente?
8. ¿Vas al cine frecuentemente?
9. ¿Besas a tu novio(a) apasionadamente?
10. ¿Vas a las montañas o a la playa frecuentemente?

MICROLOGUES

7.31 **México, su ciudad capital**

La capital de México es hoy la ciudad más grande del mundo. Tiene una población de más de dieciocho millones de personas. Para los mexicanos pobres su capital representa una "meca" donde encontrar mejor fortuna. La población proyecta ser de treinta millones para el año dos mil. Lamentablemente no hay suficiente empleo para esta gran población.

Preguntas
1. ¿Cuál es la ciudad más grande del mundo?
2. ¿Qué población tiene la capital?
3. Para los mexicanos pobres, ¿qué representa su capital?
4. ¿Qué proyecta ser la población para el año dos mil?
5. ¿Hay suficiente empleo para esta gran población?

7.32 **Cortés y la ciudad azteca Tenochtitlán**

Cuando Cortés llegó a México en mil quinientos diez y nueve, encontró Tenochtitlán, la capital del imperio azteca. Tenochtitlán era una ciudad urbanizada con calles, mercados, templos y palacios. Las estatuas de los dioses aztecas brillaban con oro, plata y piedras preciosas. La ciudad representaba poder y riqueza para Cortés y sus hombres.

Preguntas
1. ¿Cuándo llegó Cortés a México?
2. ¿Qué ciudad encontró?
3. ¿De qué imperio era Tenochtitlán la capital?
4. ¿Cómo era la capital?
5. ¿Con qué brillaban las estatuas de los dioses aztecas?
6. ¿Qué representaba la ciudad para Cortés y sus hombres?

Capítulo Ocho

VOCABULARIO: En el hogar

8.1 **¿Es usted artista?**
Vaya a la pizarra o use un papel. Siga las instrucciones.
Dibuje tres cuadros que representan la sala, el comedor y la
cocina de la casa. Escriba los números uno, dos y tres en
los cuadros.

Ahora dibuje los cuadros cuatro, cinco y seis encima de los
cuadros uno, dos y tres. Estos cuadros representan un
cuarto, un baño y una alcoba o recámara.

1. Este cuadro representa la sala. Dibuje un sillón, un
   sofá, una lámpara y un televisor. También dibuje una
   alfombra y una ventana con cortinas.
2. Este cuadro representa el comedor. Dibuje una mesa
   grande con cuatro sillas. En la pared dibuje un cuadro
   bonito. Ahora dibuje una escalera que va para arriba.
3. Estamos en la cocina. Dibuje una estufa, un
   refrigerador y un fregadero. En la pared dibuje una
   ventana pequeña con cortinas.
4. Ahora estamos en un cuarto. Dibuje un escritorio, una
   lámpara y un estante. Dibuje una alfombra pequeña en
   el suelo y tres cuadros en la pared.
5. Éste es el baño. Dibuje una bañera con ducha, un
   inodoro y un lavabo. Dibuje un espejo en la pared y
   toallas.
6. Ahora estamos en una alcoba o recámara. Dibuje una
   cama grande, una cómoda y una radiograbadora. Usted
   está muy cansado. Dibuje el arquitecto de esta casa
   (usted) durmiendo en la cama grande.

8.2 **Asociación**
¿Qué cuarto asocia usted con las siguientes palabras?
Modelo: el refrigerador
la cocina

1.	el refrigerador	9.	la chimenea
2.	el sofá	10.	la cama
3.	el ropero	11.	la mesa y ocho sillas
4.	el horno de microonda	12.	el lavabo
5.	la cómoda	13.	el cartel
6.	la bañera	14.	la ducha
7.	el televisor	15.	el sillón
8.	el fregadero	16.	la estufa

8.3 **Asociación**
¿Qué palabra asocia usted con las siguientes referencias?
Modelo: la lámpara
la luz

1.	la lámpara	11.	el disco compacto
2.	la ventana	12.	la radiograbadora
3.	el suelo	13.	el vídeo
4.	el cuchillo	14.	el jardín
5.	la taza	15.	el garaje
6.	el plato	16.	la chimenea
7.	la luz	17.	la escalera
8.	el jabón	18.	arriba
9.	la cómoda	19.	adentro
10.	el estante	20.	apagar

8.4 Preguntas

1. ¿Prefieres usar la ducha o la bañera?
2. ¿Qué marca (brand) de jabón usas?
3. ¿De qué color son tus toallas?
4. ¿Pasas mucho tiempo en el baño?
5. ¿Sabes preparar una cena muy buena?
6. ¿Te gusta cocinar?
7. ¿Prefieres usar el horno de microonda o la estufa?
8. ¿Te gusta lavar los platos?
9. ¿Come tu familia en el comedor? ¿Prefieres comer en el comedor o en la cocina?
10. ¿Quién en tu familia pone la mesa? ¿lava los platos? ¿hace las camas? ¿lava el coche?
11. ¿Cuál es tu mueble favorito en la sala?
12. ¿Tiene tu sala una chimenea? ¿Tu familia la usa frecuentemente?
13. ¿Hay muchos cuadros en la sala de tu casa? (¿De qué?)
14. En tu alcoba, ¿tienes carteles en la pared? (¿De qué?)
15. ¿Tienes estéreo? ¿televisor?
16. ¿Tienes un estante? ¿Qué cosas guardas en el estante?
17. ¿Tiene tu casa un jardín? ¿un garaje? ¿un sótano?
18. ¿Cuántos pisos hay en tu casa? ¿cuántas alcobas? ¿cuántos baños?
19. ¿Te gustan tus vecinos?

CONVERSACIÓN

8.5 Buscando un apartamento
Después de un día de ver apartamentos, Alicia charla con su hermano Pepe.

-- Alicia, pareces cansada. / ¿Qué tal te fue hoy? / ¿Encontraste algún apartamento interesante? /
-- No. / Vi uno que tenía una vista fabulosa, / pero los cuartos eran pequeñísimos. /
-- ¿Qué tipo de apartamento buscas? /
-- Maite y yo queremos uno que tenga dos alcobas, / una cocina completa, / y un cuarto de baño grande. /

-- ¡Ay! Eso es difícil. / ¿Por qué no llamas a la Agencia Zamora? / Por medio de ellos / mi amigo Raúl encontró un apartamento magnífico. /

8.6 **Preguntas**

1. ¿Cómo está Alicia?
2. ¿Encontró Alicia algún apartamento interesante?
3. ¿Cómo eran los cuartos del apartamento que tenía la vista fabulosa?
4. ¿Quieren Alicia y Maite dos alcobas o una? ¿Qué más quieren?
5. Según Pepe, ¿A quién deben llamar?
6. Por medio de la agencia, ¿qué encontró su amigo Raúl?

8.7 **Expansión**
Modelo: Vi un apartamento que tenía una vista hermosa.
(tres recámaras)
Vi un apartamento que tenía tres recámaras.

1. Vi un apartamento que tenía una vista fabulosa.
tres recámaras   comedor
dos baños   cocina completa
una sala grande   una vista fabulosa

2. ¿Encontraste un apartamento con chimenea?
con garaje   con jardín
con muebles   de dos pisos
con canchas de tenis   con chimenea

3. Mi amigo Raúl encontró un apartamento magnífico.
un sofá   un televisor
un sillón   un vídeo
un estéreo   un apartamento

DESCRIBING IN THE PAST: El imperfecto

8.8 **Visitando a los abuelos ... todos los veranos**
Modelo: Dormía en la cama grande. (nosotros)
Dormíamos en la cama grande.

1. Dormía en la cama grande.
(nosotros)   (tú)
(mis hermanas)   (yo)

2. Jugábamos en el sótano.
(mis hermanos)   (tú)
(yo)   (nosotros)

3. Trabajaba en el jardín.
(mis padres)   (nosotros)
(mi abuela)   (yo)

4. Comíamos mucho pollo frito.
(mi hermano y yo)   (yo)
(tú)   (nosotros)

5. Iba al río para pescar.
(nosotros)   (mis primos y yo)
(mi abuelo y mi padre) (yo)

6. Veíamos la tele todas las noches.
(mis abuelos)   (yo)
(tú)   (nosotros)

7. Mi abuela era muy divertida.
(mis primos)   (mis abuelos)
(mi hermano)   (mi abuela)

8.9 **En la casa**
Modelo: Yo hacía las camas.   (poner la mesa)
Ponía la mesa.

1. Yo hacía las camas.
poner la mesa   preparar la comida
lavar los platos   hacer las camas

2. Tú mirabas la televisión.
poner la radiograbadora alquilar vídeos
escuchar los cassettes   mirar la televisión

3. Mi padre limpiaba el garaje.
trabajar en el jardín   comer en el patio
hablar con los vecinos   limpiar el garaje

4. Nosotros bajábamos la escalera.
ir al sótano   hacer ejercicios
jugar al ping pong   bajar la escalera

5. ¿Vosotros usabais la radiograbadora?
leer muchos libros   visitar a los vecinos
fumar en la sala   usar la radiograbadora

6. Mis padres apagaban la radio.
cerrar las cortinas   descansar en la sala
encender las luces   apagar la radio

8.10 **¿Era o estaba?**
Modelos: la luna / en el cielo
La luna estaba en el cielo.

el lago / grande
El lago era grande.

1. la luna / en el cielo
2. el lago / grande
3. el barco / en el lago
4. mi perro / en el barco
5. mi perro / pequeño
6. yo / contento(a)
7. la isla / hermosa
8. el pez / grande
9. el pez / cerca del barco
10. la montaña / en la distancia
11. la montaña / muy alta
12. la luna / en el cielo

8.11 **Descripción**
Cambie del presente al imperfecto.
Modelo: La mujer es vieja.
La mujer era vieja.

1. La mujer es vieja.
2. Tiene ochenta años.
3. Lleva un suéter viejo.
4. Vive en la casa blanca.
5. Su casa es grande.
6. Mira por la ventana.
7. Escucha el viento.
8. Habla con el gato.
9. Piensa en su esposo.
10. Piensa en sus nietos.
11. La mujer es vieja.

8.12 **Cuando era niño(a)**
Modelo: ¿Comías mucho?
Sí, comía mucho. (o)
No, no comía mucho.

1. ¿Bebías mucha leche?
2. ¿Jugabas en la calle?
3. ¿Fumabas a veces?
4. ¿Tomabas vino a veces?
5. ¿Les decías mentiras a tus padres a veces?
6. ¿Ibas al cine los sábados?
7. ¿Te fascinaban las películas de Walt Disney?
8. ¿Visitabas a tus abuelos con frecuencia?
9. ¿Leías muchos libros?
10. ¿Hacías muchos viajes a la playa?
11. ¿Tenías que hacer tu cama?
12. ¿Tenías que lavar los platos?
13. ¿Tocabas un instrumento musical? (¿Cuál?)
14. ¿Te gustaba nadar?
15. ¿Pensabas mucho en el futuro?

8.13 **Cuando ...**
Conteste con tantas variaciones como sea posible.
Modelo: Cuando iba al mercado ...
Compraba mucha fruta, etc.

1. Cuando iba al mercado ...
2. Cuando iba a la ciudad ...
3. Cuando iba al campo ...
4. Cuando iba al parque ...
5. Cuando iba a las montañas ...
6. Cuando salía con mis amigos de la escuela
   secundaria ...
7. Cuando hacía viajes con mi familia ...

TALKING ABOUT AND DESCRIBING PERSONS, THINGS, AND ACTIONS IN THE
PAST: El pretérito y el imperfecto

8.14 **Lo que hacía mi amigo cuando yo llegué**
Modelo: Hablaba con sus padres cuando llegué.
(mirar la televisión)
Miraba la televisión cuando llegué.

Hablaba con sus padres cuando llegué.
1.	mirar la televisión	7.	hacer la tarea
2.	tocar el piano	8.	escribir un poema
3.	descansar	9.	lavar los platos
4.	tomar una bebida	10.	tomar el sol
5.	leer un libro	11.	salir al jardín
6.	hablar por teléfono		

8.15 **Muchas veces ... una vez**
Modelo: Muchas veces iba al mar.
Una vez ...
Una vez fui al mar.

1. Muchas veces iba al mar. Una vez ...
2. Muchas veces subía la montaña. Una vez ...
3. Muchas veces bajaba al río. Una vez ...
4. Muchas veces acampaba en el valle. Una vez ...
5. Muchas veces hacía excursiones en el barco. Una
   vez ...
6. Muchas veces iba a la granja de mi tío. Una vez ...
7. Muchas veces le llevaba su torta favorita. Una vez ...
8. Muchas veces le mostraba mis fotos. Una vez ...
9. Muchas veces pasaba el verano allí. Una vez ...

8.16 **Un día ... todos los días**
Modelo: Un día fuimos a la playa. Todos los días ...
Todos los días íbamos a la playa.

1. Un día fuimos a la playa. Todos los días ...

2. Un día corrimos por la playa. Todos los días ...
3. Un día descansamos en el sol. Todos los días ...
4. Un día llevamos un picnic. Todos los días ...
5. Un día compramos helado. Todos los días ...
6. Un día escuchamos la radio. Todos los días ...
7. Un día jugamos en el mar. Todos los días ...
8. Un día hicimos un castillo de arena. Todo los días ...
9. Un día vimos muchos delfines. Todos los días ...

8.17 **En el parque**
Cambie las oraciones al imperfecto o al pretérito según las circunstancias.
(Asistente: ¡Ojo! (P)=pretérito; (I)=imperfecto)
Modelo: Hace fresco.
        Hacía fresco.

1. Hace fresco. (I)
2. Hace sol. (I)
3. Son las dos de la tarde. (I)
4. Una madre y su niño están en el parque. (I)
5. La madre es bonita. (I)
6. Es joven. (I)
7. Lleva una blusa azul. (I)
8. El niño tiene cinco años. (I)
9. El niño lleva pantalones cortos. (I)
10. La madre ama a su niño. (I)
11. Hay flores y árboles en el parque. (I)
12. Hay un árbol muy grande. (I)
13. El niño sube el árbol. (P)
14. La madre lo ve. (P)
15. Ella corre al árbol. (P)
16. Ella habla con el niño. (P)
17. El niño baja del árbol. (P)
18. La madre lo abraza. (P)
19. Los dos salen del parque. (P)
20. Van a la heladería. (P)
21. El niño pide un helado de chocolate. (P)
22. El niño está muy contento. (I)
23. Los dos vuelven a casa. (P)

8.18 **Vamos a inventar un cuento**

1. ¿Qué hora era?
2. ¿Qué tiempo hacía?
3. ¿Dónde ocurrió la acción?
4. ¿Qué persona o personas estaban allí?
5. ¿Cómo era(n) la(s) persona(s)? ¿Qué ropa, etc. llevaban?
6. ¿Qué acciones estaban en progreso?
7. Y, entonces, ¿qué pasó?
8. ¿Y después?

MICROLOGUE

8.19 **La casa tradicional hispana**

Las casas hispanas todavía conservan un aire tradicional.
La casa tradicional tiene una puerta grande que da entrada
al patio. Las ventanas de los cuartos se abren al patio
también. En el patio hay flores y árboles. Las ventanas
que se abren a la calle tienen rejas por las cuales
conversan los vecinos.

Preguntas
1. ¿Qué conservan todavía las casas hispanas?
2. ¿Adónde da entrada la puerta grande?
3. ¿Qué hay en el patio?
4. ¿Qué tienen las ventanas que se abren a la calle?
5. ¿Quiénes conversan por estas rejas?

INDICATING WHERE AND WHEN: Preposiciones de localización y otras
preposiciones útiles

8.20 **¿Dónde está la araña?**
(El/la asistente trae una caja y una araña de papel a la
clase.)
Primero, repitan para indicar la localización de la araña.
Modelo: (asistente) La araña está dentro de la caja.
(estudiantes) **La araña está dentro de la caja.**

La araña está ...
1. ... dentro de la caja
2. ... fuera de la caja
3. ... encima de la caja
4. ... debajo de la caja
5. ... dentro de la caja
6. ... enfrente de la caja
7. ... detrás de la caja
8. ... cerca de la caja
9. ... lejos de la caja
10. ... al lado de la caja
11. ... en la caja

Ahora, indiquen dónde está la araña según lo que ven.
(Asistente coloca la araña en varias posiciones respecto a
la caja.)

8.21 **¿Dónde está el perro?**
Modelo: ¿Está el perro fuera de la casa?
No, está dentro de la casa.

1. ¿Está el perro fuera de la casa?
2. ¿Está debajo del sofá?

3. ¿Está lejos de la mesa?
4. ¿Está detrás del refrigerador?
5. ¿Está dentro del coche?
6. ¿Está encima de la silla?
7. ¿Está cerca del gato?
8. ¿Está delante del escritorio?
9. ¿Sale antes de comer?

8.22 **Antes y después**
Modelo: Descanso después de <u>comer</u>. (nadar)
Descanso después de nadar.

1. Descanso después de <u>comer</u>.
   nadar   montar a caballo
   jugar al fútbol   trabajar en el jardín
   caminar rápido   correr
   hacer ejercicios   comer
   andar en bicicleta

2. Estudio antes de <u>ir al cine</u>.
   mirar la televisión   visitar a mi novio(a)
   escuchar la radio   ir al centro estudiantil
   hablar con mis amigos   salir
   tomar una siesta   ir al cine

8.23 **En vez de estudiar**
Haga las preguntas.
Modelo: ¿Miras la televisión en vez de estudiar?
(beber cerveza)
¿Bebes cerveza en vez de estudiar?

¿Miras la televisión en vez de estudiar?
1. beber cerveza   5. tomar una siesta
2. ir de compras   6. escuchar la radio
3. hablar con tus amigos   7. jugar al ping pong
4. comer pizza   8. mirar la televisión

8.24 **Otra actividad**
Complete de una manera original.
Modelo: Fui al cine en vez de ...
Fui al cine en vez de ir de compras, etc.

1. Fui al cine en vez de _____.
2. Fui a la clase en vez de _____.
3. Hice la tarea después de _____.
4. Comí la torta en vez de _____.
5. Volví a la residencia después de _____.
6. Hablé con mis padres antes de _____.
7. Salí con mis amigos antes de _____.

8.25 **Ana va a la fiesta. ¿Con quién va?**
      Modelo: ¿Va con Paco?
                   Sí, va con él.

      1. ¿Va con Paco?   6. ¿Va con nosotros?
      2. ¿Va con Carmen?   7. ¿Va con ustedes?
      3. ¿Va con su novio?   8. ¿Va contigo?
      4. ¿Va con sus amigos?   9. ¿Va conmigo?
      5. ¿Va conmigo?   10. ¿Va contigo?

MICROLOGUE

8.26 **Viviendas en las zonas rurales**

      En las zonas rurales se encuentran las bellas haciendas del
      campo y las casas modestas de los pequeños pueblos. Las
      haciendas son grandes construcciones rodeadas de jardines.
      Las casas más modestas son de un solo piso. En las zonas
      rurales las casas parecen estar siempre abiertas para dar
      entrada al aire fresco y a los vecinos.

      Preguntas
      1. ¿Qué se encuentra en las zonas rurales?
      2. ¿Cómo son las haciendas?
      3. ¿Cómo son las casas más modestas?
      4. ¿Cómo parecen estar las casas en las zonas rurales?
      5. ¿Las casas parecen estar abiertas para dar entrada a
          qué?

STATING PURPOSE, DESTINATION, CAUSE AND MOTIVE: **Para** y **por**

8.27 **¿Para quién es el regalo?**
      Modelo: ¿Es el regalo para Paco?
                   Sí, es para él.

      1. ¿Es el regalo para Paco?
      2. ¿Es para Lucía?
      3. ¿Es para el profesor?
      4. ¿Es para sus padres?
      5. ¿Es para mí?
      6. ¿Es para ti?
      7. ¿Es para nosotros?
      8. ¿Es para ustedes?
      9. ¿Es el regalo para Paco?

8.28 **¿Para qué vas?**
      Modelo: Voy al parque ...
                   Voy al parque para descansar.

      1. Voy al parque ...
      2. Voy a la biblioteca ...

3. Voy al bar ...
4. Voy al gimnasio ...
5. Voy al cine ...
6. Voy a la discoteca ...
7. Voy a la playa ...
8. Voy a la cafetería ...
9. Voy al almacén ...

8.29 **Las vacaciones de primavera**
Modelo: ¿Para dónde sales? ¿las montañas?
Sí, salgo para las montañas. (o)
No, no salgo para las montañas.

¿Para dónde sales?
1. ¿las montañas?   6. ¿otra playa?
2. ¿la Florida?   7. ¿las montañas de Colorado?
3. ¿Cancún?   8. ¿Las Vegas?
4. ¿Mazatlán?   9. ¿tu casa?
5. ¿Acapulco?

8.30 **¿Para cuándo?**
Modelo: ¿Para cuándo tienes que terminar la tarea?
Para el lunes.

1. ¿Para cuándo tienes que terminar la tarea?
2. ¿Para cuándo tienes que aprender los verbos?
3. ¿Para cuándo tienes que leer el Panorama Cultural?
4. ¿Para cuándo tienes que escribir los ejercicios en el cuaderno?
5. ¿Para cuándo tienes que terminar el capítulo?

8.31 **¿Por cuánto tiempo?**
Modelo: Dormí por ocho horas. (estudiar / dos horas)
Estudié por dos horas.

Dormí por ocho horas.
1. Estudiar / dos horas
2. estar en el baño / media hora
3. mirar la tele / una hora
4. hablar por teléfono / media hora
5. leer un libro / una hora y media
6. estar en mi casa / tres horas
7. trabajar / una hora
8. dormir / ocho horas

8.32 **¿Por qué fuiste?**
Modelo: Fui al mercado ...
Fui al mercado por leche.

1. Fui al mercado ...
2. Fui al banco ...
3. Fui a la librería ...
4. Fui al almacén ...
5. Fui a la tortillería ...

6. Fui a la pastelería ...
7. Fui a la heladería ...
8. Fui a la pizzería ...
9. Fui a mi cuarto ...

8.33 **¿Por cuánto lo compraste?**
Modelo: esa camisa
La compré por $20.

1. esa camisa
2. esa chaqueta
3. esos blujeans
4. esas camisetas
5. esos zapatos de tenis

6. esos zapatos
7. esa blusa
8. esos calcetines
9. esa mochila
10. esa gorra

8.34 **¿Por dónde anduvieron?**
Complete la frase con tantas variaciones como sea posible.
Modelo: En la ciudad anduvimos ...
Anduvimos por la plaza, etc.

1. En la ciudad anduvimos ...
2. En el campo anduvimos ...

8.35 **La profesora fue a México**
Complete las oraciones usando **por** o **para**.

1. La profesora trabaja / la universidad.
2. Ella salió / México la semana pasada.
3. Estuvo en México / cinco días.
4. Compró algunos regalos / los estudiantes.
5. Compró los regalos / cinco mil pesos.
6. Fue a la ciudad de México / ver el Museo de Antropología.
7. Volvió a su hotel / su cámara.
8. Caminó / la avenida principal de la ciudad.
9. Tuvo que salir del hotel a las seis / llegar al aeropuerto a tiempo.
10. Tiene que estar aquí / mañana.

MICROLOGUE

8.36 **Imágenes de México**

No hay un México sino muchos. Todos tienen en común el espíritu mexicano, pero todos son diferentes. La región de la frontera es marcada por tierras áridas. El centro es una región de planicies donde hay mucha producción agrícola. El golfo de México es la región más industrializada. Las costas montañosas del Pacífico se llaman la "nueva Riviera". Y en la península de Yucatán se goza del mar Caribe y de las impresionantes ruinas de los mayas.

Preguntas
1. ¿Cuántos Méxicos hay?
2. ¿Qué tienen en común estos Méxicos?
3. ¿Qué marca la región de la frontera?
4. En el centro, una región de planicies, ¿qué tipo de producción hay?
5. ¿Cuál es la región más industrializada?
6. ¿Cómo se llaman las costas montañosas del Pacífico?
7. ¿De qué se puede gozar en la península de Yucatán?

Capítulo Nueve

VOCABULARIO: La vida diaria y la residencia de estudiantes

9.1 Asociación
¿Qué acción asocia usted con las siguientes palabras?
Modelo: la ropa
        quitarse (o) **ponerse**

1.	la ropa	13.	la fiesta
2.	la cama	14.	los exámenes finales
3.	la ducha	15.	la pasta de dientes
4.	el peine	16.	el secador de pelo
5.	el cepillo	17.	el maquillaje
6.	la navaja	18.	la máquina de afeitar
7.	el despertador	19.	la toalla
8.	el jabón	20.	el cuchillo
9.	el champú	21.	el desayuno
10.	el novio y la novia	22.	el almuerzo
11.	el anillo	23.	la cena
12.	la silla	24.	tener sueño

9.2 Definiciones
Indique la palabra que corresponde a la definición.
Modelo: lo que se usa para lavarse el pelo
        el champú

1. Lo que se usa para lavarse el pelo
2. Lo que se usa debajo de los brazos
3. Las cosas que se usan para afeitarse
4. Las cosas que se usan para cepillarse los dientes
5. Lo que se usa para peinarse
6. Lo que se usa para cepillarse el pelo
7. Lo que se usa después de usar el inodoro
8. Lo que se usa para secarse el pelo
9. Lo que se usa para secarse el cuerpo
10. La tienda donde se compra medicina
11. El reloj que nos despierta
12. Lo que pasa después de terminar cuatro años de estudios universitarios
13. Lo que una persona hace cuando está muy, muy triste
14. Lo que una persona hace cuando oye algo muy, muy cómico o divertido
15. Lo que pasa cuando una persona dice: "¡Adiós!"
16. Lo que pasa cuando dos casados se separan.
17. La condición de estar furioso con otra persona.

9.3 Preguntas

1. ¿Qué marca (brand) de champú prefieres? ¿y de jabón?
2. ¿Qué marca de desodorante te gusta más?

3. ¿Qué marca de pasta de dientes prefieres?
4. ¿Usas una navaja o una máquina de afeitar?
5. ¿Hay una farmacia cerca de la universidad?
6. ¿Hay una peluquería muy buena cerca de la universidad?
7. Personalmente, ¿prefieres el pelo corto o el pelo largo?
8. ¿Tienes un despertador? ¿A qué hora suena?
9. ¿Hay mucho ruido en tu residencia por la noche?
10. ¿Tienes un(a) novio(a)?
11. ¿Estás enamorado(a)?
12. ¿Estás comprometido(a)? ¿casado(a)?
13. En el futuro, ¿prefieres ser casado(a) o soltero(a)?

CONVERSACIÓN

9.4 **La guerra del baño**

Ricardo está esperando para usar el cuarto de baño pero su hermana Anita está adentro y tarda mucho en salir.

-- ¿Qué estás haciendo, Anita? / Hace media hora / que espero para entrar. / ¿Sabes que entraste en el baño a las seis y media / y son las ocho menos cuarto? /
-- ¿Qué pasa? / ¿Quieres afeitarte? /
-- No. Quiero peinarme.
-- ¿Peinarte? / ¿No tienes un espejo en tu cuarto? /
-- Sí. Pero vivo en esta casa / y también tengo el derecho de usar el baño. /
-- Bueno. Salgo en un minuto. / Solamente tengo que secarme el pelo, / cepillarme los dientes, peinarme .../
-- ¡Basta! / No tengo tiempo para esperar más. /

9.5 **Preguntas**

1. ¿Cuánto tiempo hace que Ricardo espera para entrar en el baño?
2. ¿A qué hora entró Anita en el baño?
3. ¿Quiere Ricardo afeitarse o peinarse?
4. ¿Tiene Ricardo un espejo en su cuarto?
5. ¿Qué tiene que hacer Anita antes de salir del baño?
6. ¿Puede Ricardo esperar más?

9.6 **Expansión**
Modelo: ¿Qué pasa? ¿Quieres afeitarte? (peinarte)
¿Qué pasa? ¿Quieres peinarte?

1. ¿Qué pasa? ¿Quieres afeitarte?
   peinarte   ducharte
   bañarte   afeitarte
   cepillarte los dientes

2.   No. Quiero peinarme.
     bañarme   cepillarme los dientes
     ducharme   afeitarme
     lavarme el pelo   peinarme

3.   ¿No tienes un espejo en tu cuarto?
     un secador de pelo   una máquina de afeitar
     un peine   desodorante
     un cepillo   un espejo

4.   Tengo el derecho de usar el baño.
     el inodoro   el lavabo
     la bañera   el baño
     la ducha

TALKING ABOUT DAILY ROUTINES AND HUMAN RELATIONSHIPS: Los verbos
reflexivos

9.7 **¿Quién participa en las actividades?**
     Modelo: Me acuesto a las once.   (mis amigos)
               Se acuestan a las once.

1.   Me acuesto a las once.
     (mis amigos)   (nosotros)
     [mi compañero(a) de cuarto]   (vosotros)
     (tú)   (yo)

2.   Me despierto a las siete.
     [mi compañero(a) de cuarto]   (tú)
     (nosotros)   (yo)
     (ustedes)

3.   Me baño por la mañana.
     (tú)   [mi compañero(a) de cuarto]
     (ustedes)   (yo)
     (nosotros)

4.   Me visto rápidamente.
     (mis amigos)   (nosotros)
     (tú)   (vosotros)
     [mi compañero(a) de cuarto]   (yo)

5.   Yo quiero afeitarme.
     [mi compañero(a)]   (ustedes)
     (tú)   (yo)
     (nosotros)

6.   Estoy lavándome las manos.
     (tú)   (nosotros)
     [mi compañero(a) de cuarto]   (yo)
     (ellos)

7. Me divierto los fines de semana.
   (mis amigos)   (nosotros)
   (tú)   (yo)
   (mi amiga Anita)

9.8 ¿Qué pasó?
   Modelo: Me desperté.   (levantarse)
              Me levanté.

   1. Me desperté.
       levantarse   peinarse
       ducharse   cepillarse los dientes
       vestirse   despertarse

   2. ¿Te cepillaste los dientes?
       lavarse la cara   peinarse
       bañarse   afeitarse
       ponerse calcetines limpios   cepillarse los dientes

   3. Cecilia se cepilló el pelo.
       quitarse la ropa   acostarse
       ducharse   dormirse
       ponerse los pijamas   cepillarse el pelo

   4. Nosotros nos sentimos bien.
       reírse   no enojarse
       divertirse   sentirse contento
       no preocuparse   sentirse bien

   5. Miguel y Linda se rieron
       divertirse   casarse
       enamorarse   irse de vacaciones
       comprometerse   reirse

9.9 ¿Qué necesitas?
   Modelo: Necesito un peine para peinarme.   (un cepillo)
              Necesito un cepillo para cepillarme.

   Necesito un peine para peinarme.
   1. un cepillo   6. un secador de pelo
   2. jabón   7. champú
   3. una navaja   8. un despertador
   4. pasta de dientes   9. un cepillo
   5. una toalla   10. un peine

9.10 ¿Qué te compraste?
   Modelo: Fui al almacén ...
              ... y me compré un abrigo, etc.

   1. Fui al almacén ...
   2. Fui a la pastelería ...

3. Fui al mercado ...
4. Fui a la librería ...
5. Fui a McDonald's ...
6. Fui a la zapatería ...
7. Fui a la joyería ...
8. Fui a la farmacia ...

9.11 **¿Qué hizo la madre?**
Modelo: Se despertó ...
        ... y despertó al niño

1. Se despertó ...
2. Se levantó ...
3. Se bañó ...
4. Se lavó ...

5. Se secó ...
6. Se vistió ...
7. Se peinó ...
8. Se despertó ...

9.12 **Preguntas**

1. ¿Te gusta acostarte temprano?
2. ¿Te gusta levantarte temprano?
3. A veces, ¿tratas de acostarte temprano?
4. ¿Tratas de levantarte temprano?
5. ¿Tienes sueño ahora? ¿A qué hora te acostaste anoche?
6. ¿Acabas de levantarte?
7. ¿Acabas de lavarte el pelo?
8. ¿Te lavas el pelo todos los días?
9. ¿Te afeitas todos los días?
10. ¿Te bañas por la mañana o por la noche?
11. ¿Te duermes en las clases a veces? (¿en qué clases?)
12. ¿Te enojas con los profesores a veces?
13. ¿Te preocupas mucho por las notas?
14. ¿Cómo te sientes antes de un examen?
15. ¿De qué se quejan los estudiantes?
16. Personalmente, ¿tratas de no quejarte?
17. ¿En qué año vas a graduarte?

9.13 **¿Qué hiciste?**
(El/la asistente escribe las preguntas en la pizarra.)
Anden por la clase y háganles las preguntas a tres personas
diferentes.

1. ¿Qué hiciste anoche?
2. ¿Qué hiciste esta mañana?

(Después el/la asistente les pregunta a varios
estudiantes:)

1. ¿Qué hizo (nombre de estudiante) anoche?
Estudiante responde: (Nombre de estudiante) ...
... **anoche,** etc.

TALKING ABOUT EACH OTHER: El reflexivo para indicar una acción recíproca

9.14 **Mi novio(a) y yo**
Modelo: Mi novio(a) y yo nos vemos mucho.   (hablar mucho)
Mi novio(a) y yo nos hablamos mucho.

Mi novio(a) y yo nos vemos mucho.
1. hablar mucho   6. besar
2. escribir frecuentemente   7. amar
3. llamar cada noche   8. entender bien
4. visitar los fines de semana 9. escuchar
5. abrazar fuertemente   10. ver

9.15 **¿Qué hicieron Linda y Manuel?**
Modelo: Se conocieron en el otoño.   (llamarse)
Se llamaron.

Se conocieron en el otoño.
1. llamarse   5. enamorarse
2. encontrarse en el centro   6. comprometerse
3. verse frecuentemente   7. casarse
4. escribirse   8. nunca divorciarse

MICROLOGUE

9.16 **Los días festivos**

Los días festivos en el mundo hispano son muchos.
Generalmente tienen su origen en festividades religiosas
antiguas. Por lo general, los días festivos veneran a un
santo o santa o las diferentes manifestaciones de la Virgen
María. La fiesta religiosa más popular es la de la Semana
Santa. Esta conmemora la muerte y la resurreción de
Cristo.

Preguntas
1. ¿Son muchos o pocos los días festivos en el mundo
   hispano?
2. ¿Dónde tienen generalmente su origen?
3. ¿Qué veneran los días festivos?
4. ¿Cuál es la fiesta religiosa más popular?
5. ¿Qué conmemora la Semana Santa?

DESCRIBING WHAT HAS HAPPENED: El presente perfecto

9.17 **¿Qué has hecho hoy?**
Modelo: Me he despertado.   (vestirse)
Me he vestido.

Me he despertado.

1. vestirse
2. levantarse
3. bañarse
4. lavarse el pelo
5. afeitarse
6. cepillarse los dientes
7. ponerse los zapatos
8. bajar la escalera
9. preparar el desayuno
10. comer
11. salir de la casa
12. manejar al centro
13. ir a la oficina
14. trabajar mucho
15. leer muchos documentos
16. hablar por teléfono
17. firmar muchos cheques
18. pagar muchas cuentas
19. escribir a máquina
20. cerrar la oficina
21. visitar a un amigo
22. llegar a casa
23. cenar
24. descansar
25. acostarse
26. dormirse
27. despertarse

9.18 **Tu amigo lo ha hecho todo**
Modelo: Ha limpiado la casa.   (lavar el coche)
Ha lavado el coche.

Ha limpiado la casa.

1. lavar el coche
2. lavar la ropa
3. poner la mesa
4. hacer las camas
5. ir al mercado
6. comprar mucha comida
7. preparar la comida
8. limpiar la cocina
9. apagar las luces
10. cerrar la casa
11. salir

9.19 **¿Lo han hecho?**
Su madre llama por teléfono y les pregunta si están haciendo ciertas cosas. Ustedes contestan que ya las han hecho.
Modelo: ¿Están lavando el coche?
Ya lo hemos lavado.

1. ¿Están lavando el coche?
2. ¿Están lavando los platos?
3. ¿Están haciendo las camas?
4. ¿Están limpiando la casa?
5. ¿Están limpiando los baños?
6. ¿Están cortando la hierba?
7. ¿Están comiendo la comida en el refrigerador?
8. ¿Están haciendo la tarea?
9. ¿Están pagando las cuentas?

9.20 **Acaban de hacerlo**
Modelo: ¿Han llegado tus amigos?
Sí. Acaban de llegar.

1. ¿Han llegado tus amigos?
2. ¿Han descansado?

3. ¿Se han bañado?
4. ¿Se han vestido?
5. ¿Han llamado a sus amigos?
6. ¿Han pedido una pizza?
7. ¿Han comido?
8. ¿Han salido?

9.21 **¿Qué has hecho recientemente?**
Modelo: ¿Has aprendido todos los verbos reflexivos?
Sí, los he aprendido. (o)
No, no los he aprendido.

1. ¿Has aprendido todos los verbos reflexivos?
2. ¿Has leído el Panorama Cultural?
3. ¿Has estudiado el vocabulario?
4. ¿Has escrito los ejercicios?
5. ¿Has hecho la tarea?
6. ¿Has empezado la composición?
7. ¿Has terminado la composición?
8. ¿Has traducido las oraciones?
9. ¿Has llamado a tus amigos?
10. ¿Has salido con ellos recientemente?
11. ¿Has visto una película buena recientemente? (¿Cuál?)
12. ¿Has ido a un concierto? (¿Cuál?)
13. ¿Has hecho un viaje recientemente? (¿Adónde?)
14. ¿Has comprado algo recientemente? (¿Qué?)
15. ¿Te has divertido mucho recientemente? (¿Cómo?)
16. ¿Te has quejado de algo recientemente? (¿De qué?)
17. ¿Te has enojado con alguien recientemente? (¿Con quién?)
18. ¿Te has enamorado de alguien recientemente?

9.22 **¿Qué has hecho?**
(El/la asistente escribe las preguntas en la pizarra.)
Anden por la clase y háganles las preguntas a tres personas diferentes.

1. ¿Qué cosas interesantes has hecho recientemente?
2. ¿Qué cosas muy normales o aburridas has hecho recientemente?

(Después el/la asistente les pregunta a varios estudiantes:)

1. ¿Qué cosas interesantes ha hecho (nombre de estudiante) recientemente?

DESCRIBING WHAT HAD HAPPENED: El pasado perfecto

9.23 **¿Qué habían hecho?**
Modelo: Habían preparado el desayuno. (mi mamá)
Había preparado el desayuno.

1. Habían preparado el desayuno.
   (mi mamá)   (yo)
   (nosotros)   (mis padres)
   (tú)

2. Habían puesto la mesa.
   (mi madre)   (tú)
   (nosotros)   (mis padres)
   (yo)

3. Habían comido.
   (yo)   (tú)
   (nosotros)   (mis padres)
   (vosotros)

4. Habían salido al jardín.
   (mi padre)   (yo)
   (nosotros)   (mis padres)
   (vosotros)

5. Habían cortado la hierba.
   (mi madre)   (nosotros)
   (yo)   (mis padres)
   (tú)

9.24 **¿Qué habían hecho?**
Conteste las preguntas con tantas variaciones como sea
posible.

1. ¿Qué habían hecho tus padres antes de tu llegada a
   casa?
2. ¿Qué había hecho tu compañero(a) de cuarto antes de tu
   llegada a la universidad?
3. ¿Qué habían hecho tus amigos antes de tu llegada a la
   fiesta?
4. ¿Qué había hecho el profesor antes de tu llegada a la
   clase?
5. ¿Qué había hecho tu novio(a) antes de tu llegada a su
   casa?

MICROLOGUES

9.25 **La América Central**

Seis países componen lo que se llama la América Central.
Los seis países son Guatemala, Honduras, Nicaragua, El
Salvador, Costa Rica y Panamá. El clima y la vegetación
son parecidos. Hay montañas, costas y selvas tropicales.
Todos tienen en principio un gobierno democrático pero el
sistema económico a veces permite poco cambio social.
Desde los años sesenta el movimiento para cambiar el
sistema ha sido más agresivo en Nicaragua y El Salvador.

Preguntas
1. ¿Cuántos países componen lo que se llama la América Central?
2. ¿Cuáles son los seis países?
3. ¿Son el clima y la vegetación diferentes o parecidos?
4. ¿Qué tipo de gobierno tienen en principio?
5. ¿Qué permite poco cambio social en estos países?
6. ¿Dónde ha sido más agresivo el movimiento para cambiar el sistema económico?

9.26 **Guatemala**

Fue en Guatemala donde la civilización maya tuvo su apogeo o climax. Se pueden ver las ruinas mayas en la famosa ciudad de Tikal. Lo indio se mantiene más vivo en Guatemala que en cualquier otro país de la América Central. En este país de volcanes y bellos paisajes, el clima es muy agradable. A Guatemala se la conoce como el país de la eterna primavera.

Preguntas
1. ¿Qué civilización tuvo su apogeo o climax en Guatemala?
2. ¿En qué ciudad se pueden ver las ruinas mayas?
3. ¿Qué se mantiene más vivo en Guatemala? ¿lo europeo o lo indio?
4. ¿Es el clima desagradable o agradable?
5. ¿Cómo se conoce a Guatemala?

Capítulo Diez

VOCABULARIO: La estación de servicio y la carretera

10.1 **Asociación**
¿Qué asocia usted con las siguientes palabras?
Modelo: el puente
          cruzar, el río, etc.

1.	el puente	12.	los frenos
2.	el policía	13.	el kilómetro
3.	el semáforo	14.	cambiar
4.	la gasolina	15.	cruzar
5.	el aceite	16.	arreglar o reparar
6.	el parabrisas	17.	doblar
7.	las llantas	18.	llenar
8.	la frontera	19.	revisar
9.	el tráfico o tránsito	20.	abrocharse
10.	la velocidad	21.	estacionarse
11.	la cuadra o manzana		

10.2 **¿Qué está haciendo?**
Cambie para indicar que la acción está ocurriendo.
Modelo: Está arreglando el motor.   (reparar los frenos)
          Está reparando los frenos.

Está arreglando el motor.
1. reparar los frenos
2. cruzar la calle
3. estacionarse
4. llenar el tanque
5. revisar el aceite
6. poner aire en las llantas
7. seguir (i) al policía
8. manejar muy rápido
9. mostrar su carnet de conducir
10. ayudar a la víctima
11. arreglar el motor

10.3 **¿Qué ha ocurrido?**
Cambie para indicar que la acción ha ocurrido.
Modelo: He arreglado el motor.   (reparar los frenos)
          He reparado los frenos.

He arreglado el motor.
1. reparar los frenos
2. limpiar el parabrisas
3. usar el limpiaparabrisas
4. revisar el aceite
5. ver el semáforo
6. doblar en la esquina

7. encontrar la carretera
8. cruzar la frontera
9. tener un accidente
10. pararme
11. estacionarme
12. arreglar el motor

10.4 ¿Qué dices?

1. Tu coche necesita gasolina y estás lejos de una estación de servicio. ¿Dices "¡Caramba!" o "¡Qué suerte!"?
2. Tu amigo ha tenido un accidente. ¿Dices "¡Claro!" o "¡Qué lástima!"?
3. Tu amigo está en el hospital. ¿Dices "¡Qué lío!" o "¡Lo siento mucho!"?
4. Hay MUCHA gente en la calle y tú no puedes pasar en tu coche. ¿Dices "¡Qué lío!" o "¡Por supuesto!"?
5. Tú has tenido un accidente en el coche nuevo de tu padre. ¿Dices "¡Ay de mí!" o "¡Qué suerte!"?
6. Tus padres te preguntan si quieres un coche nuevo. ¿Dices "¡Caramba!" o "¡Por supuesto!"?
7. Tú estás en el océano y ves un tiburón (shark) grande que quiere comerte. ¿Dices "¡Qué barbaridad!" o "¡Socorro!"?

CONVERSACIÓN

10.5 Problemas con el coche
Después de viajar por diez horas, Jorge se para en una estación de servicio.

-- ¡Buenas tardes! / Por favor, llene el tanque. /
-- ¿Qué tipo de gasolina, señor? /
-- De noventa y tres octanos, por favor. / Revise también el aceite / y el aire de las llantas. /
-- Con mucho gusto, señor. /
-- Acabo de llegar a Los Angeles. / ¿Puede indicarme cómo llegar al centro? /
-- En seguida, señor, / pero ... primero, es necesario poner aire en las llantas. / La llanta frontal está un poco desinflada. /

10.6 Preguntas

1. ¿Por qué se para Jorge en la estación de servicio?
2. ¿Qué tipo de gasolina prefiere?
3. ¿Quiere revisar el aceite o los frenos?
4. ¿A qué ciudad acaba de llegar?
5. ¿A qué parte de la ciudad quiere ir?
6. ¿Cómo está una de las llantas?
7. ¿Qué necesita poner en la llanta?

10.7 **Expansión**
   Modelo: Por favor, llene el tanque.   (revise el aceite)
           Por favor, revise el aceite.

   1.   Por favor, llene el tanque.
        revise el aceite
        cambie la llanta desinflada
        limpie el parabrisas
        repare los frenos
        llene el tanque
        repare el motor
        revise el aire en las llantas
        cambie el aceite
        llene el tanque

   2.   Acabo de llegar a Los Ángeles.
        San Francisco   Nuevo Laredo
        San Antonio   Sante Fé
        El Paso   Los Ángeles

   3.   ¿Puede indicarme cómo llegar al centro?
        a la carretera   al banco
        al puente   a un restaurante
        al pueblo   al centro

EXPRESSING SUBJECTIVE REACTIONS TO THE ACTIONS OF OTHERS: El
subjuntivo

10.8 **¿Qué quieren?**
   Modelo: Quieren que yo tenga cuidado. (ella)
           Quieren que ella tenga cuidado.

   1.   Quieren que yo tenga cuidado.
        ella   vosotros
        ellos   tú
        nosotros   yo

   2.   Quieren que ella lo ayude.
        ellos   tú
        nosotros   yo
        ustedes   ella

   3.   Quieren que ella vuelva.
        tú   yo
        los hijos   vosotros
        nosotros   ella

   4.   Quieren que él se calle.
        tú   ustedes
        ellos   yo
        nosotros   él

5. Quieren que ellos vayan.

   yo   todos
   ustedes   tú
   nosotros   ellos

6. Quieren que yo me dé prisa.

   ellas   ustedes
   tú   ella
   nosotros   yo

EXPRESSING WISHES AND REQUESTS RELEVANT TO THE ACTIONS OF OTHERS:
El subjuntivo en mandatos indirectos

10.9 **Recomendaciones de la profesora**
     Modelo: La profesora recomienda que hablemos en español.
                 (desear)
                 La profesora desea que hablemos en español.

     La profesora recomienda que hablemos en español.
     1. desear   5. sugerir
     2. preferir   6. decirnos
     3. querer   7. pedirnos
     4. insistir en   8. recomendar

10.10 **Otras recomendaciones de la profesora**
      Modelo: Recomienda que estudiemos.
                  (venir a clase a tiempo)
                  Recomienda que vengamos a clase a tiempo.

      Recomienda que estudiemos.
      1. venir a clase a tiempo
      2. hacer la tarea
      3. escribir los ejercicios
      4. ir al laboratorio
      5. repetir las palabras
      6. llegar a tiempo
      7. escuchar bien
      8. ser estudiantes buenos
      9. no dormir en la clase
      10. estudiar

10.11 **No quiero hacerlo**
      Cuando su hermano o hermana le pregunta si usted quiere
      hacer las cosas indicadas, responda que no. Siga el
      modelo.
      Modelo: ¿Quieres hacer las camas?
                  No, quiero que tú hagas las camas.

      1. ¿Quieres hacer las camas?
      2. ¿Quieres limpiar la casa?
      3. ¿Quieres poner la mesa?

4. ¿Quieres preparar la comida?
5. ¿Quieres lavar los platos?
6. ¿Quieres devolver los vídeos?
7. ¿Quieres apagar las luces?
8. ¿Quieres cortar la hierba?
9. ¿Quieres lavar el perro?
10. ¿Quieres hacer las camas?

10.12 **Tu compañero(a) de cuarto**
Indique las cosas que usted prefiere que su compañero(a) de cuarto no haga.
Modelo: Prefiero que no escuche mis cassettes.
(usar tu computadora)
Prefiero que no use mi computadora.

Prefiero que no escuche mis cassettes.
1. usar tu computadora
2. llevar tu ropa
3. usar tus cosas
4. comer tu comida
5. fumar
6. mirar la tele
7. tocar tu guitarra
8. manejar tu coche
9. jugar con tu raqueta de tenis
10. llamar a tu novio(a)
11. acostarse tarde
12. hablar por teléfono a medianoche
13. despertarte
14. usar tu cepillo de dientes
15. escuchar tus cassettes

10.13 **Expresión personal**
Complete con tantas variaciones como sea posible.
Modelo: Recomiendo que mi profesor(a) de español ...
Recomiendo que no tome café en la clase, etc.

1. Recomiendo que mi profesor(a) de español ...
2. Prefiero que mi hermano(a) menor ...
3. Quiero que (nombre de estudiante en la clase) ...
4. Recomiendo que (nombre de estudiante en la clase) ...
5. Le pido al empleado de la estación de servicio que...
6. Quiero que el camarero ...
7. Sugiero que mis padres ...

MICROLOGUE

10.14 **La Carretera Panamericana**

La Carretera Panamericana es una gran vía que une las tres Américas. Cubre millas de territorio y pasa por México y por todos los países centro y sudamericanos. En Panamá la carretera se interrumpe por la selva y vuelve a encontrarse al cruzar el canal. Desde allí el viajero puede seguir al este a Caracas o al oeste para llegar a Bogotá.

Preguntas
1. ¿Qué une las tres Américas?
2. ¿Pasa la carretera por todos los países centro y sudamericanos o por pocos países?
3. ¿En qué país se interrumpe la carretera?
4. ¿Dónde vuelve a encontrarse la carretera?
5. Al cruzar el canal, ¿adónde llega el viajero si va al este? ¿y si va al oeste?

EXPRESSING EMOTIONAL REACTIONS AND FEELINGS ABOUT THE ACTIONS OF OTHERS: El subjuntivo con expresiones de emoción

10.15 **Lo que temo**
Modelo: No hay gasolina aquí.
Temo que no haya gasolina aquí.

1. No hay gasolina aquí.
2. No hay una estación de servicio aquí.
3. Una llanta está desinflada.
4. El carro necesita aceite.
5. Los frenos no funcionan.
6. El motor no funciona bien.
7. La batería no tiene agua.
8. El parabrisas está sucio.
9. El policía me mira.
10. El policía me da una multa.
11. Mi papá está enojado.

10.16 **Lo que espero**
Modelo: Alguien me ayuda.
Espero que alguien me ayude.

1. Alguien me ayuda.
2. El policía viene.
3. Alguien llega pronto.
4. Alguien se para aquí.
5. Alguien trae gasolina.
6. Alguien llama a casa.
7. Mi madre no se preocupa.

8. Mi padre no se enoja.
9. Mis padres entienden el problema.
10. El mecánico no cobra demasiado.
11. Mis padres me prestan un poco de dinero.

10.17 **Mi reacción**
Indique su reacción usando **Me alegro que ... o Siento que ...**
Modelo: Hace frío hoy.
Me alegro que haga frío hoy. (o)
Siento que haga frío hoy.

1. Hace frío hoy.
2. Hace sol hoy.
3. Llueve hoy.
4. Hace mal tiempo hoy.
5. No hay clase hoy.
6. El profesor está enfermo hoy.
7. El examen es difícil.
8. El examen es fácil.
9. No hay examen final.
10. (Nombre de estudiante) sabe todas las respuestas.
11. (Nombre de estudiante) tiene una novia nueva (un novio nuevo).
12. (Nombre de estudiante) está preocupado(a).
13. (Nombre de estudiante) está enamorado(a).

10.18 **Expresión personal**
Complete con tantas variaciones como sea posible.
Modelo: Me alegro de que mis padres ...
Me alegro de que mis padres me manden dinero.

1. Me alegro de que mis padres ...
2. Espero que mi profesor(a) ...
3. Siento que mi compañero(a) de cuarto ...
4. Me molesta que mi compañero(a) de cuarto ...
5. Temo que mis amigos ...

MICROLOGUE

10.19 **Ayuda en carretera**

"¡Buenos días! ¿Necesita ayuda?" Estas palabras son la salvación para muchas personas cuando su coche no funciona en la carretera. El servicio SEAT es un servicio para ayudar a los vehículos que tienen problemas. El servicio cuenta con mecánicos que son expertos en todo tipo de automóviles.

Preguntas
1. ¿Qué palabras son la salvación para muchas personas?
2. ¿Cuándo necesitan las personas el servicio SEAT?

3. ¿Qué es el servicio SEAT?
4. ¿Con qué cuenta el servicio?

GIVING DIRECT ORDERS AND INSTRUCTIONS TO OTHERS: Los mandatos
usted y **ustedes**

10.20   **En la estación de gasolina**
        Modelo: Llene el tanque, por favor. (revisar el aceite)
                       Revise el aceite.

        Llene el tanque, por favor.
        1.   revisar el aceite
        2.   poner aire en una llanta
        3.   cambiar otra llanta
        4.   cambiar el aceite
        5.   revisar los frenos
        6.   limpiar el parabrisas
        7.   reparar la radio
        8.   arreglar el motor
        9.   traerme un mapa
        10. devolverme la tarjeta de crédito
        11. llenar el tanque

10.21   **Las direcciones**
        Dé usted direcciones a una persona que busca la
        universidad.
        Modelo: Vaya a la calle Juárez.
                       (seguir recto cuatro cuadras)
                       Siga recto cuatro cuadras.

        Vaya a la calle Juárez.
        1.   seguir recto cuatro cuadras
        2.   pararse en la esquina de Juárez y Morelo
        3.   doblar a la izquierda
        4.   cruzar el puente
        5.   pasar cinco semáforos
        6.   doblar a la derecha
        7.   seguir tres cuadras más
        8.   estacionarse enfrente de la biblioteca
        9.   ir a la calle Juárez

10.22   **En la sala de clase - los mandatos de la profesora**
        Modelo: Estudien el vocabulario.
                       (leer el Panorama Cultural)
                       Lean el Panorama Cultural

        Estudien el vocabulario.
        1.   leer el Panorama Cultural
        2.   hacer la tarea
        3.   venir a clase a tiempo
        4.   aprender los verbos

5. contestar las preguntas
6. ir a la pizarra
7. sentarse, por favor
8. callarse, por favor
9. traerme la tarea
10. darse prisa, por favor
11. recordar lo que dije
12. ir al laboratorio
13. volver pronto
14. estudiar el vocabulario

10.23 **Contradicciones**
   Modelo: ¡Estaciónese allí!
                   ¡No se estacione allí!

1. ¡Estaciónese allí!   8. ¡Tóquelo!
2. ¡Párese allí!   9. ¡Revíselo!
3. ¡Siéntese aquí!   10. ¡Dígamelo!
4. ¡Dese prisa!   11. ¡Tráigamelo!
5. ¡Váyanse!   12. ¡Muéstremelo!
6. ¡Hágalo!   13. ¡Estaciónese allí!
7. ¡Mírelo!

10.24 **Contradicciones**
   Modelo: ¡No lo haga!
                   ¡Hágalo!

1. ¡No lo haga!   11. ¡No se afeite!
2. ¡No lo beba!   12. ¡No se lo muestre!
3. ¡No lo coma!   13. ¡No se lo preste!
4. ¡No lo tome!   14. ¡No se lo explique!
5. ¡No lo compre!   15. ¡No se lo pregunte!
6. ¡No se estacione allí! 16. ¡No se lo mande!
7. ¡No se pare allí!   17. ¡No se lo dé!
8. ¡No se siente allí!   18. ¡No se lo diga!
9. ¡No se levante!   19. ¡No lo haga!
10. ¡No se acueste!

10.25 **El señor Fulano**
   ¿Qué mandatos le daría usted al señor Fulano?
   Modelo: Hace mucho calor y el señor Fulano lleva un
                   abrigo.
                   ¡Quíteselo! (o) **¡Quítese el abrigo!**

1. Hace mucho calor y el señor Fulano lleva un abrigo.
2. Hace mucho frío y el señor Fulano no lleva un suéter.
3. El señor Fulano tiene mucho pelo en la cara.
4. El señor Fulano tiene mucha hambre.
5. El señor Fulano tiene mucha sed.
6. El señor Fulano no se siente bien.
7. El señor Fulano está muy cansado.

8. El señor Fulano tiene un Ford del año 1955.
9. El señor Fulano tiene todo su dinero debajo de su cama.
10. El señor Fulano está un poco gordo.
11. El señor Fulano ha recibido mucho dinero.

GIVING ORDERS AND SUGGESTIONS TO A GROUP IN WHICH YOU ARE INCLUDED: los mandatos **nosotros** (let's)

10.26 **No hay clases hoy**
   Modelo: ¿Qué vamos a hacer?   (nadar)
   ¡Nademos!

¿Qué vamos a hacer?
1. nadar
2. dormir tarde
3. escuchar la radio
4. mirar la tele
5. ir de compras
6. jugar al tenis
7. salir con nuestros amigos
8. volver tarde al dormitorio
9. pedir una pizza
10. comerla

10.27 **¿Qué vamos a hacer?**
   Modelo: ¿Qué vamos a hacer?   (levantarnos temprano)
   ¡Levantémonos temprano!

¿Qué vamos a hacer?
1. levantarnos temprano
2. lavarnos
3. bañarnos
4. afeitarnos
5. peinarnos
6. cepillarnos los dientes
7. vestirnos
8. ponernos nuestras chaquetas
9. irnos
10. divertirnos

10.28 **Mis amigos y yo**
   ¿Qué les dices a tus amigos un sábado por la noche?
   Indique varias posibilidades.
   Modelo: ¡Bailemos el merengue!

MICROLOGUE

10.29 **Las Antillas**

Tres de las islas que conocemos como Las Antillas Mayores son de habla española. Las tres islas son Cuba, la República Dominicana y Puerto Rico. Desde la colonización española, estas tres islas fueron puertas hacia el gran continente americano. Servían a una economía basada en el sistema de grandes "haciendas" o "plantaciones".

Preguntas
1.   ¿Cuántas islas de las Antillas Mayores son de habla
     española?
2.   ¿Cuáles son las tres islas de habla española?
3.   ¿Qué fueron estas tres islas desde la colonización
     española?
4.   ¿La economía que servían estaba basada en qué
     sistema?

Capítulo Once

VOCABULARIO: En el aeropuerto

11.1 **Asociación**
¿Qué palabras asocia usted con las siguientes palabras?
Modelo: el aeropuerto
viajar, aviones, etc.

1. el aeropuerto
2. el vuelo
3. el auxiliar de vuelo
4. el asiento
5. el cinturón
6. la documentación
7. el pasajero
8. la sala de espera
9. la tarjeta de embarque
10. la sala de reclamación de equipajes
11. la aduana
12. la agencia de viajes
13. el rollo
14. la maleta
15. la cámara
16. el horario
17. la línea aérea

11.2 **Definiciones**
Indique la palabra que corresponde a la definición.
Modelo: Donde mostramos los pasaportes
La aduana

1. Donde mostramos los pasaportes
2. Donde esperamos en el aeropuerto
3. Donde recogemos el equipaje
4. Donde hacemos las reservaciones
5. Donde nos sentamos en el avión
6. Donde miramos para aprender las horas de salida y de llegada de los aviones
7. Donde pasamos para ir a los aviones
8. La persona masculina que ayuda a los pasajeros
9. La persona femenina que ayuda a los pasajeros
10. La persona que maneja el avión
11. La persona que viaja en un avión
12. Lo que hacemos con los cinturones
13. Lo que hacemos con el equipaje al llegar al aeropuerto
14. Lo que ponemos en la cámara para sacar fotos
15. Una compañía que tiene muchos aviones
16. El acto de viajar o pasar por el aire muy rápidamente
17. El acto de salir de un aeropuerto en el avión y empezar a volar

18.   El acto de llegar a un aeropuerto al final de un vuelo

11.3   ¿Qué hizo Alberto?
      Modelo: Va al aeropuerto.
                 Fue al aeropuerto.

1.   Va al aeropuerto.
2.   Compra un boleto.
3.   Factura su equipaje.
4.   Espera en la sala de espera.
5.   Se despide de sus amigos.
6.   Sube al avión.
7.   Vuela por Avianca.
8.   Se sienta en el asiento.
9.   Se abrocha el cinturón.
10. Baja del avión al llegar.
11. Recoge su equipaje.
12. Pasa a la aduana.
13. Les muestra su pasaporte.
14. Sale del aeropuerto.
15. Toma un taxi.
16. Va a su hotel.
17. Se queda en Colombia por un mes.
18. Va al aeropuerto.

CONVERSACIÓN

11.4   ¡El vuelo está para salir!
Pedro llega tarde al aeropuerto. Quiere facturar su
equipaje pero el equipaje de su vuelo está ya todo
facturado. La conversación es entre Pedro y el agente.

-- Perdón, señor agente. / Sé que llego un poco tarde /
   pero, ¿puedo facturar mi equipaje? /
-- ¿Cuál es su vuelo? /
-- Es el vuelo 501 que va para Miami / y sale a las diez
   y cuarto. /
-- Son las diez y diez. / Lo siento, señor, / pero ese
   vuelo está para salir. / Todo el equipaje está a bordo
   del avión. / Es mejor que usted espere / el vuelo de la
   tarde / que sale a las cinco y media. /
-- ¡Imposible! / Es urgente que llegue a Miami en este
   vuelo. / Tengo una reunión de negocios. /
-- La única solución es que usted salga ahora / y su
   equipaje vaya después. /
-- Bueno...si no hay otra solución. /

11.5   Preguntas

1.   ¿Llega Pedro tarde o temprano?

2.   ¿Quiere recoger su equipaje o facturarlo?
3.   ¿Cuál es el número de su vuelo?
4.   ¿A qué ciudad va?
5.   ¿Sugiere el agente que espere otro vuelo?
6.   ¿Pedro decide esperar el otro vuelo?
7.   ¿Va a llegar su equipaje con él o más tarde?

11.6   **Expansión**
Modelo: ¿Puedo facturar mi equipaje aquí?
              (comprar un boleto)
              ¿Puedo comprar un boleto aquí?

1.   ¿Puedo facturar mi equipaje aquí?
     comprar un boleto
     conseguir una tarjeta de embarque
     confirmar mi reservación
     reservar un asiento
     recoger mi equipaje
     facturar mi equipaje

2.   El vuelo 501 sale a las diez y cuarto.
     601   901
     701   501
     801

3.   Es urgente que llegue a Miami.
     Caracas   Buenos Aires
     Bogotá   Lima
     Santiago   Miami

4.   Es mejor que usted hable con el agente.
     espere aquí
     llame a su agencia de viajes
     consiga otro vuelo
     cambie su boleto
     hable con el agente

EXPRESSING DOUBT, UNCERTAINTY, OR DISBELIEF: El subjuntivo con
expresiones de duda e incredulidad

11.7   **¿Qué duda Tomás?**
Modelo: Hace sol.
              Tomás duda que haga sol.

1.   Hace sol.   6.   Tenemos las repuestas.
2.   Hoy es viernes.   7.   Terminamos a tiempo.
3.   El profesor está aquí.   8.   Sabemos hablar español.
4.   Tenemos un examen.   9.   Recibimos una "A".
5.   Podemos hacerlo.

11.8   **¿Qué no cree Tomás?**
        Modelo: El avión llega a tiempo.
                      Tomás no cree que llegue a tiempo.

        1.   El avión llega a tiempo.
        2.   El avión sale a tiempo.
        3.   Sus amigos tienen los boletos.
        4.   Hay asientos.
        5.   Sus amigos tienen que mostrar sus pasaportes.
        6.   Ellos están en la sala de espera.
        7.   El avión puede aterrizar.
        8.   La línea aérea es buena.
        9.   Hay una demora.

11.9   **¿Hay duda o no?**
        Modelo: No creo que se vaya hoy.   (dudar)
                      Dudo que se vaya hoy.   (estar seguro)
                      Estoy seguro que se va hoy.
        (¡Asistente! ¡Ojo! S = subjuntivo; I = indicativo)

        1.   No creo que se vaya hoy.
              dudar (S)   no estar seguro(a) (S)
              estar seguro(a) (I)   creer (I)
              no dudar (I)   no creer (S)

        2.   No creo que tenga un problema.
              dudar (S)   estar seguro(a) (I)
              no dudar (I)   creer (I)
              no estar seguro(a) (S)   no creer (S)

11.10   **¿Lo dudas o lo crees?**
        Modelo: Los estudiantes son MUY inteligentes.
                      Dudo que sean MUY inteligentes.
                             (o)
                      Creo que son MUY inteligentes.

        1.   Los estudiantes son MUY inteligentes.
        2.   Los estudiantes son muy tontos.
        3.   Los profesores son muy inteligentes.
        4.   Nuestro equipo de fútbol es muy bueno.
        5.   Nuestro equipo de fútbol siempre gana.
        6.   La comida en la cafetería es muy mala.
        7.   Los estudiantes estudian mucho.
        8.   Los estudiantes se divierten mucho.
        9.   Los estudiantes duermen bien.
        10.   Los estudiantes comen bien.
        11.   Yo (el o la A.T.) soy fenomenal.

USING IMPERSONAL EXPRESSIONS TO STATE RECOMMENDATIONS, EMOTIONAL
REACTIONS AND DOUBTS: El subjuntivo con expresiones
impersonales.

11.11 **¿Quién debe hacerlo?**
      Modelo: Es necesario salir.   (Laura)
                  Es necesario que Laura salga.

      1. Es necesario salir.   (nombre de estudiante)
      2. Es importante hablar.   (nombre de estudiante)
      3. Es urgente estudiar.   (nombre de estudiante)
      4. Es posible recibir una "A". (nombre de estudiante)
      5. Es imposible recibir una "F". (nombre de estudiante)
      6. Es bueno llegar a tiempo.   (nombre de estudiante)
      7. Es mejor terminarlo ahora. (nombre de estudiante)
      8. Es necesario hacerlo.   (nombre de estudiante)
      9. Es necesario salir.   (nombre de estudiante)

11.12 **Es importante ...**
      Imagínese que usted es abuelo o abuela. Dígales a sus
      nietos lo que **es importante** que hagan.
      Modelo: Es importante que hagan la tarea.
                  (ayudarle a mamá)
                  Es importante que le ayuden a mamá.

      Es importante que hagan la tarea.
      1. ayudarle a mamá
      2. acostarse temprano
      3. dormir bien
      4. levantarse temprano
      5. comer bien
      6. trabajar mucho
      7. ahorrar su dinero
      8. estudiar mucho
      9. no mirar mucho la televisión
      10. ser honestos
      11. decir la verdad
      12. escucharles a sus padres
      13. hacer la tarea

11.13 **¿Qué es una lástima?**
      Modelo: Es una lástima que hoy sea lunes.
                  (Tenemos mucha tarea.)
                  Es una lástima que tengamos mucha tarea.

      Es una lástima que hoy sea lunes.
      1. tenemos mucha tarea
      2. el examen es difícil
      3. no hay tiempo para estudiar
      4. no recordamos las respuestas
      5. no podemos salir
      6. estamos enfermos

7. hace mal tiempo
8. llueve
9. hoy es lunes

11.14 **¿Es probable o improbable?**
Modelo: Laura viene a la fiesta.
Es probable que venga a la fiesta. (o)
Es improbable que venga a la fiesta.

1. (Nombre de estudiante) viene a la fiesta.
2. (Nombre de estudiante) estudia mucho.
3. (Nombre de estudiante) fuma mucho.
4. (Nombre de estudiante) tiene muchos amigos.
5. (Nombre de estudiante) sabe todas las respuestas.
6. (Nombre de estudiante) bebe mucha cerveza.
7. (Nombre de estudiante) va a la biblioteca frecuentemente.
8. (Nombre de estudiante) lleva calcetines sucios.
9. (Nombre de estudiante) está enamorado(a).
10. (Nombre de estudiante) hace ejercicios.
11. (Nombre de estudiante) viene a la fiesta.

11.15 **Expresión personal**
Complete con tantas variaciones como sea posible.
Modelo: Es ridículo que (nombre de estudiante) ...
Es ridículo que llegue tarde a la clase.

1. Es ridículo que (nombre) ...
2. Es necesario que yo ...
3. Es urgente que mis padres ...
4. Es improbable que mi profesor(a) ...
5. Es extraño que (nombre) ...
6. Es una lástima que nosotros ...

EXPRESSING REACTIONS RELEVANT TO RECENT EVENTS: El presente perfecto de subjuntivo

11.16 **Espero que ...**
Modelo: ¿Ha llegado el avión?
Espero que haya llegado.

1. ¿Ha aterrizado el avión?
2. ¿Han confirmado el vuelo?
3. ¿Han facturado las maletas?
4. ¿Han revisado los documentos?
5. ¿Han conseguido la tarjeta de embarque?
6. ¿Han subido al avión?
7. ¿Han llegado las azafatas?
8. ¿Se han abrochado los cinturones?
9. ¿Ha despegado el avión?

11.17   ¿Lo sientes o te alegras?
Modelo: Tu compañero(a) de cuarto ha limpiado el cuarto.
Me alegro que lo haya limpiado.

1.   Tu compañero(a) de cuarto ha limpiado el cuarto.
2.   Tu compañero(a) de cuarto ha pedido una pizza.
3.   Tu compañero(a) de cuarto ha pagado la pizza.
4.   Tu compañero(a) de cuarto ha comido toda la pizza.
5.   Tu compañero(a) de cuarto ha bebido muchas cervezas.
6.   Tu compañero(a) de cuarto ha usado tu computadora.
7.   Tu compañero(a) de cuarto ha roto el televisor.
8.   Tu compañero(a) de cuarto te ha comprado un regalo.
9.   Tu compañero(a) de cuarto te ha ayudado con la tarea.
10.   Tu compañero(a) de cuarto ha salido de la universidad.
11.   Tu compañero(a) de cuarto ha limpiado el cuarto.

11.18   ¿Lo dudas o lo crees?
Modelo: ¡He comprado un Mercedes!
Dudo que hayas comprado un Mercedes.   (o)
Creo que has comprado un Mercedes.

1.   He comprado un Mercedes.
2.   He encontrado $400.
3.   He pasado cuatro horas en la biblioteca hoy.
4.   He viajado a Europa dos veces.
5.   He esquiado en Suiza.
6.   He viajado a Cancún.
7.   He subido Mount Everest.
8.   He cruzado el Océano Pacífico.
9.   He recibido galletas de mi mamá.
10.   He besado a más de cien mujeres (hombres).
11.   He recibido una "A+" en mi examen de química.

MICROLOGUE

11.19   **Un viaje en tren, ¿de primera o de segunda?**

Viajar en tren de segunda o de tercera clase tiene un sabor diferente en los países latinoamericanos. El viaje en tren siempre se asocia con el comienzo de una pequeña aventura. Los trenes llevan cargas de animales y personas por igual. Como frecuentemente el tren cubre grandes distancias, el viajero lleva su comida y su bebida.

Preguntas
1.   ¿Qué tiene un sabor diferente en los países latinoamericanos?
2.   ¿Con qué se asocia el viaje en tren?
3.   ¿Qué cargas llevan los trenes?
4.   ¿Qué lleva el viajero cuando el tren cubre grandes distancias?

VOCABULARIO: La estación de ferrocarril

11.20   **Asociación**
¿Qué asocia usted con las siguientes palabras?
Modelo: el maletero
la propina, la maleta, etc.

1.   el maletero
2.   la estación de ferrocarril
3.   el andén
4.   la taquilla
5.   el tren
6.   el boleto o billete
7.   el aseo o el servicio
8.   el horario
9.   el quiosco
10.   la propina
11.   el maletero

11.21   **Definiciones**
Indique la palabra que corresponde a la definición.
Modelo: Donde esperamos el tren
La estación de ferrocarril.

1.   Donde esperamos el tren
2.   Adonde vamos para lavar las manos o usar el inodoro
3.   Donde compramos los boletos del tren
4.   La persona que ayuda con las maletas
5.   Lo que le damos al maletero por ayudarnos con las
maletas
6.   El vehículo que llega a la estación de ferrocarril
7.   El boleto o billete que sirve para ir y volver
8.   Donde llegan los trenes
9.   El boleto que se compra para tener muy buen servicio
en el viaje

GIVING ORDERS AND ADVICE TO FAMILY AND FRIENDS: Los mandatos **tú**

11.22   **Instrucciones para tu compañero(a) de cuarto**
Modelo: hablarme
¡Háblame!

1.   hablarme
2.   levantarte
3.   vestirte
4.   hacer la cama
5.   apagar la radio
6.   venir aquí
7.   traerme el jugo
8.   darte prisa
9.   callarte

10.   ir a la biblioteca
11.   devolver los libros
12.   venir conmigo al centro estudiantil
13.   llamar a tus padres
14.   salir

11.23   **Instrucciones para el/la asistente**
Dígale al (a la) asistente lo que él (ella) debe hacer.
[Cada estudiante debe pensar en tres o cuatro mandatos con
los cuales el (la) asistente debe cumplir.]
Modelo: Besa a (nombre de estudiante).
            etc.

11.24   **Lo que tu compañero(a) de cuarto NO debe hacer**
Modelo: no hablarme
              No me hables.

1.   no hablarme
2.   no acostarte tarde
3.   no llevar mi ropa
4.   no usar mi cepillo
5.   no poner los pies en mi cama
6.   no comer mis galletas
7.   no beber mi jugo
8.   no tocar mis cosas
9.   no pedirme dinero
10.   no decirme mentiras
11.   no apagar las luces
12.   no fumar
13.   no ser estúpido
14.   no hablarme

11.25   **Instrucciones para el/la asistente**
Dígale al (a la) asistente lo que él (ella) NO debe hacer.
[Cada estudiante debe pensar en tres o cuatro mandatos
negativos para el (la) asistente.]
Modelo: ¡No me hables!
            etc.

11.26   **Contradicciones**
Modelo: ¡No lo termines!   (comerlo)
              ¡No lo comas!

¡No lo termines!
1.   comerlo
2.   tocarlo
3.   beberlo
4.   hacerlo
5.   tomarlo
6.   usarlo
7.   comprarlo
8.   mirarlo

9. sacarlo
10. devolverlo
11. abrirlo
12. cerrarlo
13. leerlo
14. decírmelo
15. dármelo
16. explicármelo
17. mostrármelo
18. prestármelo
19. irte
20. levantarte
21. sentarte
22. acostarte
23. casarte
24. terminarlo

11.27 **Consejos (advice) para su amigo Juan**
   Modelo: Juan tiene un problema muy serio.
              Habla con tus padres.
              No te preocupes, etc.

   1. Juan tiene un problema muy serio.
   2. Juan tiene una torta de chocolate.
   3. Juan tiene un examen muy importante mañana.
   4. Juan recibió un cheque de $200 de sus abuelos.
   5. Juan va a salir con su novia en 5 minutos.
   6. Juan quiere salir pero hace mucho frío y está
       nevando.
   7. Juan perdió mucho dinero en el centro estudiantil.
   8. Juan encontró una cartera en la sala de clase.
   9. Juan tiene un pariente que está enfermo.
   10. A Juan no le gusta su clase de historia ni le gusta
       el profesor.
   11. Juan no tiene suficiente dinero para comprar lo que
       necesita.
   12. Juan decide ir a la Florida para las vacaciones de
       primavera.

11.28 **Expresión personal**
   ¿Qué instrucciones (afirmativas y negativas) les daría
   usted a las siguientes personas? Dé tantas variaciones
   como sea posible.
   Modelo: a tu compañero(a) de cuarto
              No fumes. Ayúdame con la tarea., etc.

   1. a tu compañero(a) de cuarto
   2. a tu hermano(a) menor
   3. a tu hermano(a) mayor
   4. a tu mejor (best) amigo(a)
   5. a tu novio(a)

MICROLOGUES

11.29 **Colombia**

Colombia tiene grandes contrastes en su paisaje y clima.
En el sur se encuentran las planicies secas y calurosas.
Estas planicies dan paso a la selva en la zona amazónica.
La región andina es otro contraste. Aquí los picos están
cubiertos de nieve todo el año. Bogotá, la capital, está
situada en un valle en la región andina.

Preguntas
1. ¿Qué grandes contrastes tiene Colombia?
2. ¿Cómo son las planicies que se encuentran en el sur?
3. ¿A qué dan paso estas planicies?
4. ¿Cuál es otro contraste?
5. ¿De qué están cubiertos los picos?
6. ¿Cuál es la capital?
7. ¿Dónde está situada?

11.30 **Venezuela**

A los venezolanos les encanta ir a sus hermosas playas,
acampar en los Andes o explorar las zonas vírgenes de su
país. Por ejemplo, pueden explorar las misteriosas
elevaciones en forma de mesa que se levantan en el sur.
Estas elevaciones se llaman "tepuyes". En uno de los
tepuyes más famosos se encuentra el Salto Angel, la
cascada más alta del mundo.

Preguntas
1. ¿Adónde les encanta a los venezolanos ir?
2. ¿Qué les encanta hacer en los Andes?
3. ¿Qué les encanta explorar?
4. ¿Qué elevaciones pueden explorar en el sur?
5. ¿Cómo se llaman estas elevaciones misteriosas?
6. ¿Qué se encuentra en uno de los tepuyes más
    famosos?
7. ¿Es el Salto Angel muy alto?

Capítulo Doce

VOCABULARIO: En el hotel

12.1 **Asociación**
¿Qué asocia usted con las siguientes palabras?
Modelo: el aire acondiciondado
Hace calor.

1.	el aire acondicionado	12.	la calefacción
2.	el portero	13.	la piscina
3.	el botones	14.	la pelota
4.	la recepcionista	15.	la almohada
5.	la criada	16.	el cubo de basura
6.	el huésped	17.	la sábana
7.	el vestíbulo	18.	el servicio de cuartos
8.	la llave	19.	la recepción
9.	el ascensor	20.	el recado
10.	la cama	21.	la luna de miel
11.	la manta o cobija		

12.2 **Definiciones**
Indique la palabra que corresponde a la definición.
Modelo: Donde pasamos la noche en un hotel.
la habitación

1. Donde pasamos la noche en un hotel
2. Donde nadamos cuando estamos en un hotel
3. Donde esperamos a otras personas en un hotel
4. Donde la persona puede registrarse
5. Donde dejamos o ponemos basura
6. Un cuarto o una habitación para dos personas
7. El mueble en que dormimos
8. Lo que se enciende cuando hace calor
9. Lo que pedimos cuando no queremos bajar al restaurante
10. Lo que recibimos después de haber pagado las cuentas
11. Lo que usamos para bajar o subir de un piso a otro
12. El tipo de baño que no es público
13. Lo que se deja cuando alguien nos llama y no estamos en la habitación
14. Lo que se enciende cuando hace frío
15. La persona que nos abre la puerta en un hotel
16. La persona que sube las maletas a la habitación
17. La persona que limpia las habitaciones
18. La persona que nos da la llave
19. La persona que quiere pasar la noche en un hotel
20. La acción de abandonar un objeto
21. El acto de no moverse o no salir

12.3 **¿Qué cosas hay?**
Nombre las cosas que se encuentran en estos lugares en un hotel.

1. en la planta baja   3. en el vestíbulo
2. en una habitación   4. en el baño

12.4 **¿Qué número?**
¿Qué número ordinal asocia usted con el número cardinal?
Modelo: ocho
         octavo

1. ocho   7. siete
2. nueve   8. tres
3. diez   9. cuatro
4. cinco   10. uno
5. seis   11. ocho
6. dos

12.5 **¿Salir o dejar?**
Indique si se usa **sale** o **deja** en las circunstancias que siguen.
Modelo: Juan / la llave
         Juan deja la llave.
         Juan / el ascensor.
         Juan sale del ascensor.

1. Juan / la llave   7. Juan / la piscina
2. Juan / el ascensor   8. Juan / la propina
3. Juan / la maleta   9. Juan / el recibo
4. Juan / el recado   10. Juan / la habitación
5. Juan / el vestíbulo   11. Juan / el baño
6. Juan / el hotel   12. Juan / la pelota

CONVERSACIÓN

12.6 **Aurora y Anselmo en el "Hotel Cisne Negro"**
Aurora y Anselmo, de luna de miel, hablan con el recepcionista del "Hotel Cisne Negro"

-- ¡Buenos días! / Quisiéramos pasar la noche aquí. / ¿Tienen habitaciones libres? /
-- ¿Quieren un cuarto / con camas individuales / o cama de matrimonio? /
-- Buscamos uno que tenga cama de matrimonio. / Estamos de luna de miel. /
-- También deseamos / que el cuarto tenga una vista al lago. /
-- Aquí veo que queda uno / con baño privado y aire acondicionado. /
-- ¡Perfecto! Lo tomamos. /

12.7 **Preguntas**

1. ¿Cuántas noches quieren pasar en el hotel?

2. ¿Qué tipo de cama prefieren?
3. ¿Por qué prefieren una cama de matrimonio?
4. ¿Qué vista prefieren que tenga el cuarto?
5. ¿Qué tiene el cuarto que queda?
6. ¿Toman el cuarto Aurora y Anselmo?

12.8 **Expansión**
   Modelo: Buscamos un cuarto que tenga cama de matrimonio.
   (baño privado)
   Buscamos un cuarto que tenga baño privado.

   1. Buscamos un cuarto que tenga cama de matrimonio.
      baño privado   calefacción
      vista al lago   cama de matrimonio
      aire acondicionado

   2. Deseamos que el hotel tenga piscina.
      restaurante   canchas de tenis
      servicio de cuarto   piscina
      recepcionistas corteses

   3. Quisiéramos pasar la noche aquí.
      un día   un mes
      dos noches   el fin de semana
      una semana   la noche

REFERRING TO INDEFINITE AND NON-EXISTENT PERSONS AND THINGS: Más
palabras afirmativas y negativas

12.9 **¿Qué trajo Paco a la fiesta?**
   Modelo: ¿Trajo Paco algunos refrescos?
   No, no trajo ninguno. (o)
   No, no trajo ningún refresco.

   1. ¿Trajo Paco algunos refrescos?
   2. ¿Trajo Paco algunas galletas?
   3. ¿Trajo Paco algunos pasteles?
   4. ¿Trajo Paco algunas cervezas?
   5. ¿Trajo Paco algunos cassettes?
   6. ¿Trajo Paco algunos vídeos?
   7. ¿Trajo Paco algunos discos compactos?
   8. ¿Trajo Paco algunos de sus amigos venezolanos?
   9. ¿Trajo Paco algunas de sus amigas venezolanas?

12.10 **Yo tampoco**
   Modelo: Leo no fue al centro.
   Yo no fui tampoco.

   1. Leo no fue al centro.
   2. Leo no fue a la fiesta.
   3. Leo no bebió la tequila.

4. Leo no fumó la marijuana.
5. Leo no bailó.
6. Leo no comió.
7. Leo no durmió.
8. Leo no se quejó.
9. Leo no salió.
10. Leo no se divirtió.

12.11 **Ni éste ni el otro**
Modelo: ¿Quieres una Coca-Cola o una Pepsi?
No quiero ni una Coca-Cola ni una Pepsi.

1. ¿Quieres una Coca-Cola o una Pepsi?
2. ¿Quieres un sandwich de jamón o un sandwich de atún?
3. ¿Quieres una sopa o una ensalada?
4. ¿Quieres un perro caliente o una hamburguesa?
5. ¿Quieres pollo o pescado?
6. ¿Quieres guisantes o judías verdes?
7. ¿Quieres papas o arroz?
8. ¿Quieres helado o galletas?
9. ¿Quieres la torta de chocolate o el pastel de limón?

MORE WAYS TO TALK ABOUT INDEFINITE OR NON-EXISTENT PERSONS OR
THINGS: El subjuntivo con referencia a lo que es indefinido o
inexistente

12.12 **Busco a alguien ...**
Modelo: Busco a alguien que hable ruso.
(conocer la ciudad de Moscú)
Busco a alguien que conozca la ciudad de Moscú.

Busco a alguien que hable ruso.
1. conocer la ciudad de Moscú
2. ser muy responsable
3. saber usar una computadora
4. llegar al trabajo a tiempo
5. tener un coche
6. querer viajar
7. poder salir del país
8. ser bilingüe
9. vivir en Nueva York
10. entender nuestros problemas
11. hablar ruso

12.13 **No hay ningún hotel ...**
Modelo: Hay un hotel aquí que tiene piscina.
No. No hay ningún hotel que tenga piscina.

1. Hay un hotel aquí que tiene piscina.
2. Hay un hotel aquí que tiene aire acondicionado
3. Hay un hotel aquí que tiene baños privados.

4. Hay un hotel aquí que es económico.
5. Hay un hotel aquí que está cerca del centro.
6. Hay un hotel aquí que cambia cheques de viajero.
7. Hay un hotel aquí que tiene restaurante.
8. Hay un hotel aquí que busca recepcionista.
9. Hay un hotel aquí que tiene piscina.

12.14 **¿Conoces a alguien ...?**
      Modelo: ¿Conoces a alguien que hable ruso?
              Sí, conozco a alguien que habla ruso. (o)
              No, no conozco a nadie que hable ruso.

1. ¿Conoces a alguien que hable ruso?
2. ¿Conoces a alguien que tenga una motocicleta?
3. ¿Conoces a alguien que sepa volar?
4. ¿Conoces a alguien que tenga una casa en la playa?
5. ¿Conoces a alguien que viva en Hawaii?
6. ¿Conoces a alguien que viva en Alaska?
7. ¿Conoces a alguien que sea vegetariano o vegetariana?
8. ¿Conoces a alguien que haga ejercicios todos los días?

12.15 **Expresión personal**
Complete con tantas variaciones como sea posible usando el subjuntivo o el indicativo según las referencias.
      Modelo: Busco un hotel que ...
              Busco un hotel que tenga piscina., etc.
              Hay un hotel aquí que ...
              Hay un hotel aquí que tiene piscina., etc.

1. Busco un hotel que ...
2. Hay un hotel aquí que ...
3. Busco una habitación que ...
4. Tengo una habitación que ...
5. Espero vivir en una casa que ...
6. Vivo en una casa que ...
7. Espero casarme con alguien que ...
8. No quiero casarme con ninguna persona que ...

MICROLOGUE

12.16 **Acomodaciones históricas y pintorescas**

En el mundo hispano existen las cadenas hoteleras como Melía, Holiday Inn y Hilton. Pero también hay acomodaciones que son diferentes, que tienen un sabor auténtico del lugar adonde se viaja. En Venezuela, por ejemplo, existe "Los Frailes", un antiguo monasterio convertido en hotel pintoresco. En España, los españoles decidieron convertir palacios, castillos y monasterios en hoteles elegantes que se llaman "paradores nacionales".

Preguntas

1. ¿Existen en el mundo hispano las cadenas hoteleras?
2. ¿Qué tienen las acomodaciones que son diferentes?
3. ¿Cómo se llama el hotel pintoresco en Venezuela?
4. En España, ¿qué decidieron convertir en hoteles elegantes?
5. ¿Cómo se llaman estos hoteles?

COMPARING PEOPLE OR THINGS THAT HAVE THE SAME QUALITIES OR QUANTITIES: Comparaciones de igualdad

12.17 **Las gemelas Tina y Nina**
Modelo: Tina es tan bonita como Nina.   (simpática)
       Tina es tan simpática como Nina.

Tina es tan bonita como Nina.
1. simpática
2. inteligente
3. delgada
4. alta
5. diligente
6. joven
7. sentimental
8. generosa
9. honesta
10. responsable
11. bonita

12.18 **Pepe y Pancho**
Modelo: Pepe tiene tantas cosas como Pancho.   (amigos)
       Pepe tiene tantos amigos como Pancho.

Pepe tiene tantas cosas como Pancho.
1. amigos
2. cintas
3. discos compactos
4. cassettes
5. vídeos
6. libros
7. dinero
8. ropa
9. chaquetas
10. carteles
11. cosas

12.19 **Mi compañero(a) de cuarto y yo**
Modelo: Mi compañero(a) de cuarto estudia tanto como yo.
       (jugar al tenis)
       Mi compañero(a) de cuarto juega al tenis tanto como yo.

Mi compañero(a) de cuarto estudia tanto como yo.
1. jugar al tenis
2. dormir
3. hablar
4. mirar la tele
5. escuchar su radio
6. beber
7. comer
8. gastar
9. ganar
10. divertirse
11. quejarse
12. estudiar

COMPARING PEOPLE OR THINGS THAT HAVE UNEQUAL QUALITIES OR
QUANTITIES: Comparaciones de desigualdad

12.20   **Una persona fantástica**
        Indique que usted es mejor que las personas indicadas.
        Modelo: (Nombre de estudiante) es generoso(a).
                      **Yo soy más generoso(a) que (nombre de
                      estudiante).**

        1.   (Nombre de estudiante) es generoso(a).
        2.   (Nombre de estudiante) es rico(a).
        3.   (Nombre de estudiante) es fantástico(a).
        4.   (Nombre de estudiante) es fuerte.
        5.   (Nombre de estudiante) es guapo(a).
        6.   (Nombre de estudiante) es bueno(a).
        7.   (Nombre de estudiante) es responsable.
        8.   (Nombre de estudiante) es romántico(a).
        9.   (Nombre de estudiante) es sentimental.
       10.   (Nombre de estudiante) es inteligente.

12.21   **Mi profesor(a) de español y yo**

        1.   ¿Eres más guapo(a) o menos guapo(a) que tu
              profesor(a) de español?
        2.   ¿Eres mayor o menor que tu profesor(a) de español?
        3.   ¿Eres más inteligente o menos inteligente que tu
              profesor(a) de español?
        4.   ¿Tienes más energía o menos energía que tu
              profesor(a) de español?
        5.   ¿Hablas español mejor o peor que tu profesor(a) de
              español?
        6.   ¿Hablas inglés mejor o peor que tu profesor(a) de
              español?
        7.   ¿Eres más loco(a) o menos loco(a) que tu profesor(a)
              de español?

12.22   **En mi opinión**
        Indique su opinión y repita la frase de comparación.
        Modelo: El coche más caro del mundo es ...
                      El coche más caro del mundo es el Rolls Royce.

        1.   El coche más caro del mundo es ...
        2.   El actor más famoso del mundo es ...
        3.   La mujer más famosa del mundo es ...
        4.   El (la) mejor estudiante de la clase es ...
        5.   El (la) peor estudiante de la clase es ...
        6.   El mejor restaurante de la ciudad es ...
        7.   El peor restaurante de la ciudad es ...
        8.   El almacén más económico de la ciudad es ...
        9.   El almacén más caro de la ciudad es ...
       10.   La mejor pizza viene de ...

11. La peor pizza viene de ...
12. La mejor cerveza es ...
13. La peor cerveza es ...
14. La mejor comida de la cafetería es ...
15. La peor comida de la cafetería es ...
16. El mejor equipo de básquetbol profesional es ...
17. El peor equipo de básquetbol profesional es ...

12.23 **En este grupo**
Modelo: ¿Quién es el más inteligente de este grupo?
(Nombre de estudiante) es el (la) más inteligente.

1. ¿Quién es el más inteligente de este grupo?
2. ¿Quién es el mayor de este grupo?
3. ¿Quién es el menor de este grupo?
4. ¿Quién es el mejor en español de este grupo?
5. ¿Quién es el peor en español de este grupo?
6. ¿Quién es el más guapo de este grupo?
7. ¿Quién es el más alto de este grupo?
8. ¿Quién es el más bajo de este grupo?
9. ¿Quién es el más simpático de este grupo?
10. ¿Quién es el más fuerte de este grupo?
11. ¿Quién es el más dinámico de este grupo?

12.24 **En comparación con mi asistente**
Modelo: alto(a)
Yo soy más alto(a) que mi asistente. (o)
Yo soy menos alto(a) que mi asistente. (o)
Yo soy tan alto(a) como mi asistente.

1.	alto(a)	7.	simpático(a)
2.	serio(a)	8.	divertido(a)
3.	responsable	9.	bajo(a)
4.	inteligente	10.	atlético(a)
5.	dinámico(a)	11.	fantástico(a)

MICROLOGUES

12.25 **Los países andinos**

Los países andinos del Perú, Bolivia y el Ecuador están situados en el corazón de los Andes. Su vasta extensión cubre regiones de gran belleza: picos nevados, volcanes y el inmenso lago Titicaca. En los tres países se encontraba el imperio inca que cubría una extensión de tres mil millas. Por eso, la herencia inca es lo más destacado de la historia de estos tres países.

Preguntas
1. ¿Qué tres países están situados en el corazón de los Andes?

2. ¿Qué cubre la vasta extensión de estos países?
3. ¿Cómo se llama el inmenso lago que se encuentra aquí?
4. ¿Qué imperio se encontraba en esta vasta extensión?
5. ¿Qué herencia es lo más destacado de la historia de los tres países?

12.26 El lago Titicaca

En la frontera entre Bolivia y el Perú, se encuentra el lago Titicaca. Está situado a más de doce mil pies de altura en los Andes bolivianos. Titicaca todavía hoy es un misterio para los científicos. Este lago navegable es el origen de muchas leyendas indias.

Preguntas
1. ¿Entre que países se encuentra el lago Titicaca?
2. ¿A cuántos pies de altura está situado?
3. ¿En qué montañas está situado?
4. Para los científicos, ¿qué es el lago Titicaca?
5. ¿Este lago es el origen de qué tipo de leyendas?

Capítulo Trece

VOCABULARIO: El correo y las llamadas telefónicas

13.1   **Asociación**
¿Qué asocia usted con las siguientes palabras?
Modelo: el cartero
            la carta

1.   el cartero
2.   el buzón
3.   el sobre
4.   la dirección
5.   el paquete

6.   el sello
7.   la ventanilla
8.   la tarjeta postal
9.   la balanza
10.   el código postal

13.2   **Definiciones**
Identifique la palabra que corresponde a la definición.
Modelo: Adónde vamos para enviar cartas, paquetes, etc.
            la casa de correo

1.   Adonde vamos para enviar cartas, paquetes, etc.
2.   Donde escribimos la dirección
3.   El correo muy rápido en avión
4.   Donde echamos la carta
5.   Lo que compramos para poder mandar la carta
6.   La persona que nos trae el correo
7.   Lo que escribimos en el sobre para que llegue a su destinación
8.   Lo que mandamos a nuestros amigos cuando estamos de vacaciones
9.   Adonde vamos en el correo para comprar sellos
10.   Lo que usamos para pesar cartas y paquetes
11.   El número que se escribe en la dirección para que la carta llegue a su destinación

13.3   **Preguntas**

1.   ¿A quién envías muchas tarjetas postales cuando estás de vacaciones?
2.   Cuándo mandas un paquete, ¿lo aseguras normalmente?
3.   ¿De quién recibes paquetes con más frecuencia?
4.   ¿Qué contienen los paquetes?
5.   ¿Prefieres enviar cartas por correo aéreo o por correo regular?
6.   ¿Cuánto cuesta un sello de correo aéreo?
7.   A veces, ¿mandas una carta certificada?   ¿Por qué?
8.   ¿Cuál es tu código postal?
9.   ¿Crees que los códigos postales son necesarios?
10.   ¿Hay un buzón cerca de donde vives?
11.   ¿Tienes un correo en la universidad?
12.   ¿Cuál es tu apartado postal?

13.4 Definiciones

Indentifique la palabra que corresponde a la definición.

Modelo: La llamada que se hace a otra ciudad lejos de ti
la llamada de larga distancia

1. La llamada que se hace a otra ciudad lejos de ti
2. La llamada que se hace cuando tú no puedes pagar
3. La llamada que haces cuando quieres hablar con una persona específica
4. La persona que te ayuda cuando no sabes el número de teléfono
5. La máquina que acepta y guarda los recados cuando no estás en casa
6. El número que se marca cuando haces una llamada a otro estado
7. Cómo se marca el número cuando no necesitas el operador
8. Lo que hace el teléfono cuando alguien te llama
9. Lo que dices cuando contestas el teléfono
10. Lo que puedes decir cuando piden a otra persona en la casa

13.5 Preguntas

1. ¿A quién haces muchas llamadas locales?
2. ¿A quién haces muchas llamadas de larga distancia?
3. A veces, ¿haces llamadas de persona a persona? ¿Por qué?
4. A veces, ¿haces llamadas de cobro revertido? ¿Por qué? ¿A quién?
5. ¿Te gustan los contestadores automáticos? ¿Tienes uno?
6. ¿Cuál es el código o clave de área de la universidad? ¿y de tus padres?
7. ¿Te molesta cuando el teléfono suena a las dos o tres de la mañana? Normalmente, ¿quién te llama a esas horas?

CONVERSACIÓN

13.6 Violeta va a la casa de correos

Violeta está en la casa de correos donde quiere mandarle varias cosas a su novio en el Perú. Habla con el empleado.

-- Buenos días, señorita Otero. / ¿Cómo es que usted trae/ tantas cosas para enviar hoy? /
-- Pues ... / Cuando se está separada del novio, / hay que mantener la comunicación. / El correo nos permite / sentirnos más cerca. /
-- A ver. ¿Qué tiene aquí? /
-- Un paquete que deseo enviar por correo aéreo, / y una

carta que necesito mandar certificada. /
-- Los sellos para la carta, / ¿los quiere de correo
   aéreo? /
-- Sí, por favor. ¿Cuánto es? /
-- Son diez y siete dólares. /

13.7 **Preguntas**

1. Según Violeta, ¿qué hay que mantener cuando se está
    separada del novio?
2. ¿Qué dos cosas quiere mandar?
3. ¿Cómo quiere mandar el paquete?
4. ¿Cómo quiere mandar la carta?
5. ¿Qué tipo de sellos pide para la carta?
6. ¿Cuánto tiene que pagar en total?

13.8 **Expansión**
      Modelo: Violeta quiere mandarle varias cosas a su novio.
                   (una carta)
                   Violeta quiere mandarle una carta a su novio.

1. Violeta quiere mandarle varias cosas a su novio.
    una carta   un regalo
    una tarjeta postal   varias cosas
    un paquete

2. Deseo enviar este paquete, por favor.
    esta carta   estas cartas
    esta tarjeta postal   estas tarjetas postales
    estos paquetes   este paquete

3. Voy a la casa de correo para comprar sellos.
    pesar el paquete
    encontrar los códigos postales
    echar las cartas en el buzón
    mandar las tarjetas postales
    comprar sellos

EXPRESSING PURPOSE AND CONDITIONS: El subjuntivo después de
conjunciones de finalidad y de condición

13.9 **Todo para Pepito**
      ¿Para qué se van al centro?
      Modelo: Se van para que Pepito vaya a la casa de correos.
                   (mandar la carta)
                   Se van para que Pepito mande la carta.

Se van para que Pepito vaya a la casa de correos.
1. mandar la carta
2. enviar el paquete
3. comprar sellos

4. ir de compras
5. comprarse zapatos de tenis
6. ir al cine
7. ver la película "Blanca Nieves"
8. andar en el metro
9. correr por el parque
10. conocer la ciudad
11. ir a la casa de correos

13.10 **Siempre hay condiciones**
No vamos a hacer el viaje a menos que ciertas cosas
ocurran.
Modelo: No nos vamos a menos que el vuelo sea barato.
(el cambio es bueno)
No nos vamos a menos que el cambio sea bueno.

No nos vamos a menos que el vuelo sea barato.
1. El cambio es bueno.
2. Ahorramos más dinero.
3. Conseguimos las visas.
4. Recibimos los pasaportes.
5. Encontramos un hotel.
6. Tenemos dos semanas de vacaciones.
7. Hay un vuelo directo.
8. El vuelo es barato.

13.11 **¿Se van? Sí, con tal que ...**
Modelo: Se van con tal que tengan dos semanas de
vacaciones. (hacen las reservaciones)
Se van con tal que hagan las reservaciones.

Se ven con tal que tengan dos semanas de vacaciones.
1. Hacen las reservaciones.
2. Tienen el dinero.
3. Pueden alquilar la casa.
4. Encuentran un hotel.
5. Reciben las direcciones.
6. El coche funciona bien.
7. Hace buen tiempo.
8. Hace sol.
9. Tienen dos semanas de vacaciones.

13.12 **¿Para qué llevas tantas cosas?**
Modelo: ¿Para qué llevas el suéter?
Lo llevo en caso de que haga frío.

1. ¿Para qué llevas el suéter?
2. ¿Para qué llevas el paraguas?
3. ¿Para qué llevas el traje de baño?
4. ¿Para qué llevas las gafas de sol?
5. ¿Para qué llevas el sombrero?

6.   ¿Para qué llevas la tarjeta de crédito?
7.   ¿Para qué llevas la cámara?
8.   ¿Para qué llevas el diccionario español?
9.   ¿Para qué llevas la aspirina?
10. ¿Para qué llevas el Alka-Seltzer?

TALKING ABOUT WHAT WILL HAPPEN: El futuro

13.13   **¿Qué harán?**
        Modelo: Encontraré la guía telefónica.
                      (marcar el número)
                      Marcaré el número.

1.   Encontraré la guía telefónica.
     marcar el número
     hablar con la operadora
     conversar con mi amiga
     dejar un recado
     encontrar la guía telefónica

2.   Enviarán el paquete.
     pesar el paquete
     comprar sellos
     mandar tarjetas postales
     echar las cartas en el buzón
     enviar el paquete

3.   Buscaremos los códigos postales.
     asegurar los paquetes
     encontrar los apartados postales
     escribir las direcciones
     pesar los paquetes en la balanza
     buscar los códigos postales

4.   Marcela llamará mañana.
     llegar el sábado
     quedarse una semana
     ir a la universidad con nosotros
     asistir a las clases
     llamar mañana

5.   ¿Jugarás al tenis con ella?
     ir al centro con ella
     ir a la discoteca
     llevarla a un partido de fútbol
     llevarla al museo
     jugar al tenis con ella

6.   ¿Comeréis aquí?
     vivir aquí
     dormir aquí

quedarse aquí
preparar la comida aquí
comer aquí

13.14 **¿Qué harás?**
Modelo: ¿Vas a venir?
Sí, vendré.

1. ¿Vas a venir?
2. ¿Vas a salir?
3. ¿Vas a hacer la llamada?
4. ¿Vas a poner las cosas en el sótano?
5. ¿Vas a decirme quién llamó?
6. ¿Vas a poder salir conmigo?
7. ¿Vas a tener tiempo?
8. ¿Vas a querer ir a un restaurante?
9. ¿Vas a venir?

(Repita usando **ustedes / nosotros: ¿Van a venir? Sí, vendremos,** etc.)

13.15 **Esta noche**
¿Qué harán los estudiantes?
Modelo: Descansarán. (escuchar la radio)
Escucharán la radio.

Descansarán.
1. escuchar la radio
2. mirar la tele
3. hacer la tarea
4. tener que estudiar
5. ir al gimnasio
6. hacer ejercicios
7. pedir una pizza
8. salir con sus amigos
9. divertirse
10. acostarse tarde
11. descansar

13.16 **Las resoluciones del año nuevo**
Indique si usted hará las siguientes cosas **más** o **menos** en el año próximo.
Modelo: comer chocolates
Comeré menos (más) chocolates.

1. comer chocolates
2. comer helado
3. comer pizza
4. beber leche
5. hacer ejercicios

6.   mirar la tele
7.   escribirles a tus padres
8.   comprar ropa
9.   comprar cassettes, discos compactos, etc.
10. ayudarles a tus amigos

13.17   **Preguntas**
Háganles las preguntas a tus amigos o amigas diferentes.

1.   ¿Qué harás este fin de semana?
2.   ¿Qué harás este verano?
3.   ¿Qué harás al volver a tu casa?

[Después, cada estudiante le indica al grupo algo que uno(a) de sus amigos(as) hará este fin de semana, etc.]

TALKING ABOUT PENDING ACTIONS: El subjuntivo después de conjunciones temporales

13.18   **¿Cuándo te vas de vacaciones?**
Modelo: Me voy cuando termine con los exámenes.
(recibir el cheque)
Me voy cuando reciba el cheque.

Me voy cuando termine con los exámenes.
1.   recibir el cheque   5.   reparar mi coche
2.   llegar el tren   6.   tener el dinero
3.   salir del avión   7.   poder escaparme
4.   encontrar un taxi   8.   terminar con los exámenes

13.19   **¿Cuándo ocurrirá?**
Modelo: Saldremos tan pronto como llegue.   (cuando)
Saldremos cuando llegue.

1.   Saldremos tan pronto como llegue.
(cuando)   (después de que)
(antes de que)   (tan pronto como)

2.   Volveremos cuando empiece el semestre.
(tan pronto como)   (después de que)
(antes de que)   (cuando)

13.20   **¿Cuándo saldremos?**
Modelo: Saldremos tan pronto como llegue el agente.
(llamar)
Saldremos tan pronto como llame.

Saldremos tan pronto como llegue el agente.
1.   llamar
2.   confirmar las reservaciones
3.   mandar los boletos

4. darnos la información
5. traernos los pasaportes
6. conseguir los otros documentos
7. recibir la llamada
8. llegar el agente

13.21 Todavía no podemos salir...

Estamos esperándole a Paquito. ¿Nos quedaremos hasta
cuándo?

Modelo: Nos quedaremos hasta que se despierte.
(levantarse)
Nos quedaremos hasta que se levante.

Nos quedaremos hasta que se despierte.

1. levantarse
2. lavarse
3. cepillarse los dientes
4. peinarse
5. vestirse
6. ponerse los zapatos
7. hacer la maleta
8. despertarse

13.22 Antes y después

Complete para indicar lo que usted hará **antes** y **después** de
las situaciones indicadas.

Modelo: Voy a limpiar mi cuarto antes de que mi madre ...
Antes de que mi madre llegue.

1. Voy a limpiar mi cuarto antes de que mi madre ...
2. Voy a comer toda la torta antes de que mi
   compañero(a) de cuarto ...
3. Voy a estudiar todo el vocabulario antes de que la
   profesora ...
4. Voy a terminar la tarea antes de que mis amigos y
   yo ...
5. Compraré los libros después de que mi padre ...
6. Manejaré al centro después de que mi compañero(a) de
   cuarto ...
7. Saldré con mis amigos después de que ellos ...

13.23 Preguntas

1. ¿Miras la televisión antes de estudiar o después de
   estudiar?
2. ¿Vas de compras antes de recibir tu cheque o después
   de recibirlo?
3. ¿Comes los chocolates antes de cenar o después de
   cenar?
4. ¿Te bañas antes de salir con tus amigos o después de
   salir?
5. ¿Te cepillas los dientes antes de desayunar o después
   de desayunar?

13.24 **Expresión personal**
Completen con tantas variaciones como sea posible.

1. No puedo hacer el viaje hasta que ...
2. Voy a salir de aquí tan pronto como ...
3. Estaré muy contento(a) cuando ...

MICROLOGUES

13.25 **La Argentina**

Después del Brasil, la Argentina es el país más grande de Sudamérica. Hay varias regiones distintas en el país. Al norte hay las planicies donde se encuentra la selva. Por el centro se extiende una zona árida. La Patagonia, al sur, es otra llanura donde se produce petróleo. Los Andes se extienden a lo largo del oeste. Finalmente encontramos la pampa, terreno del famoso gaucho, el legendario "cowboy" argentino.

Preguntas

1. ¿Es la Argentina el país más grande de Sudamérica? ¿Cuál es?
2. ¿Qué se encuentra en las planicies del norte?
3. ¿Cómo es la zona que se extiende por el centro?
4. ¿Qué se produce en la Patagonia?
5. ¿Se encuentran los Andes al oeste o al este?
6. ¿De dónde es el famoso gaucho?
7. ¿Qué es el gaucho?

13.26 **Chile**

Chile es un país de unas dos mil ochocientas ochenta millas de longitud y solamente doscientas sesenta y cinco millas de anchura. Con una costa que comprende todo el país, Chile es un lugar de hermosas playas. Chile también es un país de contrastes geográficos. Se distinguen tres regiones: la zona árida del norte, los picos andinos, y el centro fértil donde se encuentra su capital, Santiago.

Preguntas

1. ¿Cuántas millas de longitud tiene Chile?
2. ¿Cuántas millas de anchura tiene?
3. ¿Es Chile un lugar de hermosas playas?
4. ¿Es Chile un país de contrastes geográficos?
5. ¿Cuántas regiones se distinguen?
6. ¿Cómo es la zona del norte?
7. ¿Cómo es el centro?

8.   ¿Dónde se encuentra la capital?
9.   ¿Cuál es la capital?

13.27 **El Paraguay**

Los jesuítas llegaron al Paraguay en el siglo dieciséis.
Construyeron fortificaciones para preservar a los indios
guaraníes de los traficantes de esclavos portugueses y
españoles. Los paraguayos conservan con orgullo su
herencia indígena. Existen en el Paraguay dos lenguas
principales, el español y el guaraní. La capital,
Asunción, es la ciudad más moderna del país.

Preguntas

1.   ¿Quiénes llegaron al Paraguay en el siglo dieciséis?
2.   ¿Qué construyeron?
3.   ¿Las fortificaciones sirvieron para preservar a los
      indios de quiénes?
4.   ¿Qué conservan con orgullo los paraguayos?
5.   ¿Cuántas lenguas principales tiene el Paraguay?
6.   ¿Cuáles son?
7.   ¿Cuál es la capital?

Capítulo Catorce

VOCABULARIO: El mundo de hoy

14.1   **Asociación**
¿Qué asocia usted con las siguientes palabras?
Modelo: reciclar
          el papel

1.   reciclar
2.   la contaminación
3.   recursos naturales
4.   la discriminación
5.   las drogas
6.   la guerra
7.   el crimen
8.   la pobreza

9.   conservar
10.   el gobierno
11.   la enfermedad
12.   luchar
13.   el desempleo
14.   resolver
15.   protestar

14.2   **Definiciones**
Indentifique la palabra que corresponde a la definición.
Modelo: Una persona que hace actos de violencia contra la
          sociedad como robar o matar
          el criminal

1.   Una persona que hace actos de violencia contra la
     sociedad como robar o matar
2.   El acto de usar los recursos naturales dos o más
     veces
3.   Permitir que los desperdicios tóxicos entren en el
     aire, en el agua, etc.
4.   No tener suficiente comida
5.   No tener casa donde vivir
6.   Cuando muchas personas deciden marchar para protestar
     algo
7.   La persona que sufre un acto de violencia
8.   La sustancia que fumamos en cigarrillos
9.   El líquido que es una droga
10.   Lo que existe cuando no hay guerra o conflicto
11.   Lo que sufrimos cuando no hay trabajo
12.   Lo que queremos cuando proponemos la eliminación de
      todas las armas nucleares
13.   Lo que existe cuando hay prejuicio contra personas
      que son de otra raza, de otra religión, etc.
14.   Lo que leemos en los periódicos para saber qué pasa
      en el mundo
15.   Cuando todos tienen la misma opinión o el mismo punto
      de vista
16.   El acto de decidir entre varias opciones o
      posibilidades
17.   El acto de destruir la vida de algo o de alguien
18.   Lo que las personas hacen cuando hay elecciones
19.   Lo que hacen los profesores en su profesión

14.3   **Preguntas: Tú y el mundo**

1.   ¿Es fácil o difícil reciclar productos donde tú vives?
2.   ¿Qué recursos naturales debemos conservar más?
3.   ¿Hay trabajo para todos en este país?
4.   En tu opinión, ¿es posible eliminar la violencia en las calles de las ciudades?
5.   ¿Has visto un acto de violencia?   ¿Dónde?
6.   ¿Crees que podamos vivir sin la influencia de drogas en la sociedad?
7.   ¿Qué personas dependen de drogas más?   ¿los pobres o los ricos?
8.   ¿Qué podemos hacer para resolver el problema de los sin hogar?
9.   ¿Qué haces personalmente para eliminar la contaminación del medio ambiente?
10.   ¿Te fascina la política?
11.   ¿Cómo te ves?   ¿liberal o conservador?
12.   ¿Cómo es el presidente?   ¿Es liberal o conservador?
13.   ¿Estás de acuerdo con todo lo que propone el presidente?
14.   ¿Te gusta la idea de votar en las elecciones?
15.   ¿Qué causa te interesa más?
16.   ¿Cuál es el problema más grande o serio de este país?
17.   En tu opinión, ¿qué nación tiene menos problemas con la contaminación?   ¿y con el crimen?
18.   ¿Está muy alto el desempleo en este país?
19.   ¿En qué países del mundo hay gran problema con el desempleo?
20.   ¿En qué países del mundo hay gran problema con el SIDA?
21.   ¿En qué países hay menos problema con el cáncer?

14.4   **Preguntas: ¿Qué crees?**
Modelo: ¿Crees que haya discriminación racial donde tú vives?
Sí, creo que hay discriminación racial.   (o)
No, no creo que haya discriminación racial.

1.   ¿Crees que haya discriminación racial donde tú vives?
2.   ¿Crees que haya discriminación sexual donde tú o tus padres trabajan?
3.   ¿Crees que en este país todos tengan derechos iguales?
4.   ¿Crees que sea posible vivir sin guerra?
5.   ¿Crees que la energía nuclear sea necesaria?
6.   ¿Crees que podamos vivir sin la influencia de drogas en la sociedad?
7.   ¿Crees que sea posible eliminar el hambre en este país?
8.   ¿Crees que haya posibilidad de que la vida en este

planeta se muera?

9. ¿Crees que sea posible curar el cáncer?
10. ¿Crees que haya vida después de la muerte?

14.5 **Preguntas: ¿Qué debemos hacer?**
Complete con la acción apropriada.
Modelo: Hay muchas causas buenas que debemos ...
apoyar

1. Hay muchas causas buenas que debemos ...(apoyar)
2. Hay muchos problemas que debemos ...(resolver)
3. Hay muchos animales y niños inocentes que debemos ...
(proteger)
4. Hay muchos árboles que debemos ...(plantar)
5. Hay muchas casas para los sin hogar que debemos ...
(construir)
6. Hay muchos oficiales honestos por quienes debemos ...
(votar)
7. Hay muchos derechos por los cuales debemos ...(luchar)
8. Hay muchas ideas buenas que debemos ...(proponer)

CONVERSACIÓN

14.6 **El medio ambiente**
Varios estudiantes están conversando en la cafetería de una
universidad hispana.

-- ¡Hola! ¿Qué hay de nuevo? /
-- ¿Cómo estás, hombre? / Hoy la conversación va por el
medio ambiente. /
-- ¡Bah! Ustedes lo toman todo tan en serio. / Los
ambientalistas quieren asustarnos. /
-- No es verdad. / La contaminación del aire es un
problema serio / que afecta a muchas personas. /
-- Y además siguen cortando bosques y selvas. / Nos vamos
a quedar sin recursos forestales. /
-- ¡Bueno, bueno! Tienen razón, / pero simplemente hablar
de ello no es una solución. /

14.7 **Preguntas**
1. ¿De qué conversan los estudiantes?
2. Según un estudiante, ¿qué quieren hacer los
ambientalistas?
3. ¿Cuál es un problema que afecta a muchas personas?
4. ¿Qué siguen cortando?
5. Según los estudiantes, ¿es simplemente hablar de ello
una solución o no?

14.8   **Expansión**
        Modelo: Hoy la conversación va por el medio ambiente.
                (los problemas políticos)
                **Hoy la conversación va por los problemas
                políticos.**

        1. Hoy la conversación va por el medio ambiente.
            los problemas políticos   el desarme
            el aborto   el medio ambiente
            la drogadicción

        2. La contaminación del aire es un problema serio.
            la drogadicción   la pobreza
            la contaminación del agua   el crimen en las calles
            el hambre   la contaminación del aire

        3. Siguen cortando bosques.
            destruyendo selvas
            destruyendo el medio ambiente
            contaminando los ríos
            matando animales inocentes
            luchando
            cortando bosques

        4. Nos vamos a quedar sin recursos forestales.
            recursos naturales   bosques tropicales
            mares limpios   animales
            aire puro   recursos forestales

TALKING ABOUT WHAT MIGHT OR WOULD HAPPEN IN CERTAIN
CIRCUMSTANCES: El condicional

14.9   **¿Qué dijo tu amigo o tu amiga?**
        Modelo: Dijo que reciclaría el aluminio.
                (proteger a los animales)
                Dijo que protegería a los animales.

        Dijo que reciclaría el aluminio.
        1.   proteger a los animales
        2.   eliminar la pobreza
        3.   ayudar a los sin hogar
        4.   resolver algunos problemas
        5.   poner la basura en su lugar
        6.   venir a las manifestaciones
        7.   salir de la ciudad
        8.   plantar árboles
        9.   conservar los bosques
        10. proponer soluciones
        11. no decir mentiras
        12. reciclar el aluminio

[Repitan usando **nosotros**: **Dijimos que reciclaríamos el aluminio**, etc.]

14.10 **¿Podrías tú?**
      Modelo: ¿Podrías tú pasar la noche sin dormir?
                    Sí, podría hacerlo. (o)
                    No, no podría hacerlo.

      ¿Podrías tú ...?
      1.   pasar la noche sin dormir
      2.   resolver los problemas del mundo
      3.   matar a una persona
      4.   luchar en una guerra
      5.   vivir en el polo del norte
      6.   vivir en un desierto sin aire acondicionado
      7.   comer una pizza grande solo(a)
      8.   beber seis Coca-Colas en media hora
      9.   enseñar el español
   10.   correr diez millas
   11.   pasar la noche sin dormir

14.11 **¿Qué harías?**
      Conteste con tantas variaciones como sea posible.
      Modelo: ¿Qué harías en la Florida?
                    Iría a la playa, nadaría, etc.

      1.   ¿Qué harías en la Florida?
      2.   ¿Qué harías en una discoteca?
      3.   ¿Qué harías en un restaurante?
      4.   ¿Qué harías en un hotel?
      5.   ¿Qué harías en una estación de tren?
      6.   ¿Qué harías en un aeropuerto?
      7.   ¿Qué harías en un almacén?
      8.   ¿Qué harías en la casa de correos?
      9.   ¿Qué harías en el banco?
   10.   ¿Qué harías en tu cuarto?

REACTING TO PAST ACTIVITIES OR EVENTS: El imperfecto de subjuntivo

14.12 **Mis padres insistían**
      Modelo: Insistían que trabajara.   (tú)
                    Insistían que trabajaras.

      1.   Insistían que trabajara.
         (tú)   (vosotros)
         (Francisco)   (nosotros)

      2.   Insistían que viviera en casa.
         (tú)   (Ana)
         (mis hermanos) (nosotros)

3.   Insistían que fuera a la iglesia.
     (nosotros)   (tú)
     (mis hermanos)   (Lola)

14.13   **¿Qué más querían?**
        Modelo: ¿Qué querían?   (decir la verdad)
                      Querían que dijera la verdad.

        ¿Qué querían?
        1.   decir la verdad
        2.   estudiar mucho
        3.   hacer la tarea
        4.   leer muchos libros
        5.   aprender español
        6.   conseguir un trabajo
        7.   ahorrar dinero
        8.   pagar las cuentas
        9.   limpiar el cuarto
        10.   poner la ropa en el ropero
        11.   lavar el coche
        12.   cortar la hierba
        13.   no salir demasiado
        14.   traer amigos a la casa
        15.   no fumar
        16.   no beber cerveza
        17.   dormir bastante
        18.   divertirse

14.14   **¿De qué se alegraban los estudiantes?**
        Modelo: Se alegraban de que hiciera buen tiempo.
                      (hacer sol)
                      Se alegraban de que hiciera sol.

        Se alegraba de que hiciera buen tiempo.
        1.   hacer sol
        2.   no llover
        3.   no hacer frío
        4.   hacer calor
        5.   no haber clases   (**hubiera**)
        6.   no haber tarea
        7.   ellos / poder ir a la playa
        8.   ellos / poder salir de la universidad
        9.   hacer buen tiempo

14.15   **¿Qué dudaban nuestros padres?**
        Modelo: Dudaban que pudiéramos hacerlo.
                      (querer hacerlo)
                      Dudaban que quisiéramos hacerlo.

        Dudaban que pudiéramos hacerlo.
        1.   querer hacerlo

2. saber hacerlo
3. tener que hacerlo
4. tener ganas de hacerlo
5. acabar de hacerlo
6. dejar de hacerlo
7. tratar de hacerlo
8. poder hacerlo

14.16 **¿Qué dudaban los profesores?**
Modelo: Dudaban que supiéramos las respuestas.
(hacer la tarea)
Dudaban que hiciéramos la tarea.

Dudaban que supiéramos las respuestas.
1. hacer la tarea
2. venir a tiempo
3. terminar el libro
4. aprender el vocabulario
5. entender las Noticias Culturales
6. poder hacer la tarea
7. querer hacer la tarea
8. tener tiempo para hacer la tarea
9. saber las respuestas

14.17 **Lugares diferentes**
Exprese sus reacciones y esperanzas en las situaciones
indicadas.
Modelo: En la biblioteca, yo dudaba que los
estudiantes ...
Dudaba que los estudiantes estudiaran, etc.

1. En la biblioteca, yo dudaba que los estudiantes ...
2. En el restaurante, yo dudaba que el camarero ...
3. En la peluquería, temía que el peluquero ...
4. En la oficina del médico, temía que el médico ...
5. En el quiosco, quería que el vendedor ...
6. En el almacén, quería que la dependienta ...
7. En el banco, le pedí al cajero (cashier) que ...
8. En el aeropuerto, le pedí al agente que ...
9. En el hotel, yo esperaba que el botones ...
10. En el hotel, yo esperaba que la criada ...
11. En el hotel, yo esperaba que el recepcionista ...

14.18 **Expresión personal**
Complete con tantas variaciones como sea posible.

1. Dudaba que mi padre ...
2. Quería que la profesora ...
3. Sentía que mi novio(a) ...
4. Esperaba que mis amigos ...

MICROLOGUE

14.19 **Manifestaciones estudiantiles**

No es extraño encontrar a estudiantes en una manifestación
callejera. Los estudiantes protestan contra las
injusticias sociales, los gobiernos represivos o la
contaminación del aire y del agua. A veces se ven
piquetes de estudiantes protestando en la universidad. En
estas circunstancias protestan contra las condiciones
educativas o una subida del precio de la matrícula.

Preguntas
1.   ¿Dónde no es extraño encontrar a estudiantes?
2.   ¿Qué injusticias protestan?
3.   ¿Qué tipo de gobiernos protestan?
4.   A veces, ¿dónde se ven piquetes de estudiantes?
5.   En estas circunstancias, ¿contra qué condiciones
     protestan?

POSING HYPOTHETICAL SITUATIONS: Claúsulas con **si** y **ojalá que**

14.20 **Si pudiera ...**
Modelo: Si pudiera, tomaría una siesta.
             (salir de la universidad)
             Si pudiera, saldría de la universidad.

Si pudiera, tomaría una siesta.
1.   salir de la universidad
2.   ayudar a mis amigos
3.   volar a la luna
4.   hablar con el presidente
5.   construir una casa
6.   subir al pico Aconcagua
7.   cruzar el océano Pacífico
8.   viajar por todo el mundo
9.   tomar una siesta

14.21 **Estaría muy contento o contenta**
Modelo: Estaría muy contento(a) si recibiera un paquete
             en el correo.   (recibir una "A" en español)
             **Estaría muy contento(a) si recibiera una "A" en
             español.**

**Estaría muy contento(a) si recibiera un paquete en el
correo.**
1.   recibir una "A" en español
2.   saber todas las respuestas
3.   poder resolver mis problemas
4.   tener un coche
5.   encontrar $100.00

6. conocer mejor a (nombre de estudiante)
7. estar en una isla tropical
8. ser presidente
9. recibir un paquete en el correo

14.22 **Deseos y esperanzas**
Modelo: Si tuviera tiempo, iría a las montañas.
(tener el dinero / salir)
Si tuviera el dinero, saldría.

Si tuviera tiempo, iría a las montañas.
1. tener el dinero / salir
2. tener un helado / comerlo
3. tener una Pepsi / beberla
4. tener el dinero / gastarlo
5. estar en México / visitar las pirámides
6. estar en Chile / subir los Andes
7. estar en el Brazil / hablar portugués
8. estar en España / ir a Barcelona
9. tener tiempo / ir a las montañas

14.23 **Preguntas personales**

1. ¿Qué harías si ganaras la lotería?
2. ¿Qué harías si estuvieras en la playa?
3. ¿Qué harías si no tuvieras clases hoy?
4. ¿Qué harías si estuvieras en Acapulco?
5. ¿Qué harías si estuvieras en Alaska?
6. ¿Qué harías si estuvieras en España?

14.24 **Ojalá que**
Modelo: Ojalá que hiciera sol hoy.
(poder ir a la playa)
Ojalá que pudiera ir a la playa.

Ojalá que hiciera sol hoy.
1. poder ir a la playa
2. tener un mes de vacaciones
3. tener buena suerte
4. poder eliminar la pobreza
5. poder eliminar el hambre
6. ser presidente del país
7. estar en Washington ahora
8. existir un mundo perfecto
9. estar con mis amigos
10. hacer sol hoy

14.25 **Ojalá que ...**
Cada estudiante indica sus deseos.

1. Ojalá que mi asistente ...

2. Ojalá que mi familia ...
3. Ojalá que yo ...

EXPRESSING ONESELF EMPHATICALLY: **ísimo**

14.26 **Diferencias de opinión**
       Modelo: ¡Nuestro(a) asistente es buenísimo(a)!   (malo)
                    ¡Nuestro(a) asistente es malísimo(a)!

       ¡Nuestro(a) asistente es buenísimo(a)!
       1. malo(a)   7. inteligente
       2. difícil   8. tonto(a)
       3. fácil   9. simpático(a)
       4. interesante   10. antipático(a)
       5. aburrido(a)   11. bueno(a)
       6. excelente

14.27 **¿Cómo están?**
       Ha llegado el fin del semestre. ¿Cómo están las personas
       indicadas? Conteste con **-ísimo, -ísima,** etc.

       1. ¿Cómo están los profesores?
       2. ¿Cómo están los estudiantes?
       3. ¿Cómo está el/la asistente?
       4. ¿Cómo estás tú?

MICROLOGUE

14.28 **Nuestro mundo**

       El oceanógrafo más grande de nuestros días teme por la
       salud de la tierra. En uno de sus viajes entre Europa y
       América denunció que las aguas del Atlántico tenían alta
       contaminación. "El Atlántico se está muriendo," dijo.
       Pero, a diferencia de otros científicos, Cousteau piensa
       que en el futuro el homre podrá vivir en el fondo del mar.

       Preguntas
       1. ¿Quién es el oceanógrafo más grande de nuestros días?
       2. ¿Qué denunció en uno de sus viajes entre Europa y
           América?
       3. ¿Qué dijo?
       4. Según Cousteau, ¿dónde podrá vivir el hombre en el
           futuro?